RELAÇÃO JURÍDICA

*diálogos entre
teoria e p*

SÉRIE ESTUDOS JURÍDICOS: TEORIA DO DIREITO E FORMAÇÃO PROFISSIONAL

inter
saberes

Elaine Beatriz Ferreira de Souza Oshima

inter saberes

Rua Clara Vendramin, 58 . Mossunguê . Cep 81200-170 . Curitiba . PR . Brasil
Fone: (41) 2106-4170 . www.intersaberes.com . editora@intersaberes.com

Conselho editorial Dr. Alexandre Coutinho Pagliarini, Dr.ª Elena Godoy, Dr. Neri dos Santos, Dr. Ulf Gregor Baranow ▪ **Editora-chefe** Lindsay Azambuja ▪ **Gerente editorial** Ariadne Nunes Wenger ▪ **Assistente editorial** Daniela Viroli Pereira Pinto ▪ **Preparação de originais** Fabrícia Eugênia de Souza ▪ **Edição de texto** Gustavo Piratello de Castro, Monique Francis Fagundes Gonçalves ▪ **Capa** Luana Machado Amaro ▪ **Projeto gráfico** Mayra Yoshizawa ▪ **Diagramação e *designer* responsável** Luana Machado Amaro ▪ **Iconografia** Regina Claudia Cruz Prestes

Dados Internacionais de Catalogação na Publicação (CIP)
(Câmara Brasileira do Livro, SP, Brasil)

Oshima, Elaine Beatriz Ferreira de Souza
    Relação jurídica: diálogos entre teoria e prática/Elaine Beatriz Ferreira de Souza Oshima. Curitiba: InterSaberes, 2022. (Série Estudos Jurídicos: Teoria do Direito e Formação Profissional)

    Bibliografia.
    ISBN 978-65-5517-384-0

    1. Direito intertemporal 2. Direito público 3. Direito privado 4. Negócio jurídico 5. Pessoas (Direito) 6. Processo civil 7. Relações jurídicas I. Título. II. Série.

21-84842   CDU-340.11

Índices para catálogo sistemático:
1. Relações jurídicas: Direito 340.11

Cibele Maria Dias – Bibliotecária – CRB-8/9427

1ª edição, 2022.

Foi feito o depósito legal.

Informamos que é de inteira responsabilidade da autora a emissão de conceitos.

Nenhuma parte desta publicação poderá ser reproduzida por qualquer meio ou forma sem a prévia autorização da Editora InterSaberes.

A violação dos direitos autorais é crime estabelecido na Lei n. 9.610/1998 e punido pelo art. 184 do Código Penal.

Sumário

13 ▪ *Apresentação*

Capítulo 1
17 ▪ **Teoria da relação jurídica**
18 | Conceito
20 | Direito, moral e poder
22 | O direito e suas divisões
27 | Fontes do direito

Capítulo 2
39 ▪ **Direito civil e sua codificação**
40 | Codificação sob o prisma histórico
43 | Princípios norteadores do Código Civil de 2002
46 | Constitucionalização do direito civil
48 | Direitos da personalidade
55 | Lei de Introdução às Normas do Direito Brasileiro (LINDB)

Capítulo 3
69 ▪ **Pessoa natural**
71 | Capacidade
72 | Nascituro
75 | Teoria das incapacidades
81 | Estado e domicílio da pessoa natural
85 | Extinção da pessoa natural

Capítulo 4
93 ▪ Pessoa jurídica
95 | Natureza da pessoa jurídica
97 | Espécies e classificações da pessoa jurídica
101 | Criação da pessoa jurídica
103 | Domicílio da pessoa jurídica
105 | Desconsideração da pessoa jurídica

Capítulo 5
111 ▪ Bens
113 | Conceito
114 | Bens considerados em si mesmos
117 | Bens reciprocamente considerados
119 | Bens públicos e particulares
121 | Bem de família

Capítulo 6
127 ▪ Fato, ato e negócio jurídico
128 | Fato jurídico em sentido amplo
131 | Fato jurídico
134 | Negócio jurídico
138 | Elementos acidentais do negócio jurídico
142 | Prova do negócio jurídico
144 | Classificação do negócio jurídico
150 | Defeitos do negócio jurídico

Capítulo 7
165 ▪ **Prescrição e decadência**
166 | Noções introdutórias
168 | Prescrição: conceito e requisitos
175 | Decadência: conceito e requisitos
177 | Direito intertemporal

183 ▪ *Considerações finais*
185 ▪ *Referências*
199 ▪ *Sobre a autora*

Dedico este trabalho à minha mãe, que abdicou de muitos dos seus sonhos em prol da minha educação, pois carregava a certeza de que esse seria o seu maior legado. Saiba, dona Valquíria, que suas palavras de incentivo sempre estarão presentes em meus dias, agora acompanhadas da saudade imensa que eu tenho de você.

À *minha família, fonte de incentivo e amor que me permite ser tão sonhadora. Gratidão, Edgar, Guilherme, Eduardo e Hash, simplesmente por existirem!*

Aos alunos, trago as palavras de Osho para reforçar o interesse nesta caminhada denominada conhecimento: "Sempre permaneça aventureiro. Por nenhum momento se esqueça de que a vida pertence aos que investigam. Ela não pertence ao estático; ela pertence ao que flui. Nunca se torne um reservatório, sempre permaneça um rio."

Aos amigos que me apoiam neste caminhar: quantas saudades das risadas e das conversas presenciais!

Aos professores André Peixoto e Tiemi Saito minha gratidão pelo convite e, acima de tudo, pela paciência e pela confiança.

Apresentação

Os acontecimentos sociais são de extrema importância para o direito, e são inegáveis seus reflexos na construção de valores, costumes e cultura na sociedade. Daí surge o direito como ciência social, que se preocupa com a convivência harmônica dos cidadãos e, consequentemente, com a organização do meio em que eles se inserem.

Este livro propõe uma reflexão sobre a importância do direito. Portanto, no Capítulo 1, abordaremos as questões que versam sobre as difíceis tarefas de atribuir ao direito um conceito único, reconhecer suas principais fontes e diferenciá-lo de moral e poder. Também será analisada a divisão das matérias que compõem o direito público e o privado, que advêm de construções doutrinárias realizadas sob um olhar atento à interlocução cada vez mais presente de suas áreas de atuação.

No caminhar dessa análise, no Capítulo 2, debateremos o surgimento das codificações e a necessidade de um regramento harmônico com os anseios da sociedade. Além disso, trataremos das mudanças promovidas pelo Código Civil de 2002, com base na valoração de seus princípios norteadores em consonância com outras legislações esparsas. Assim, poderemos questionar: há uma constitucionalização do direito civil?

No Capítulo 3, voltaremos nossa atenção para a compreensão da pessoa natural e de sua capacidade, com base nas alterações legislativas promovidas pela Lei n. 13.146, de 6 de julho de 2015 (Brasil, 2015b), a qual trouxe consideráveis mudanças quanto à autonomia da pessoa com deficiência. Examinaremos, ainda, as questões relativas ao domicílio, ao estado da pessoa natural e às possibilidades reconhecidas pelo ordenamento pátrio de extinção da pessoa natural.

No Capítulo 4, discutiremos temas atuais sobre a pessoa jurídica, a fim de apresentar as possibilidades de desconsideração da personalidade jurídica, com especial atenção à Lei de Liberdade Econômica.

No Capítulo 5, discorreremos sobre os bens, seu conceito e suas classificações – é inegável a importância do tema no exercício da prática jurídica. Nesse sentido, abordaremos as particularidades que revestem os bens móveis e imóveis, o bem de família ou até mesmo os bens públicos.

Veremos os conceitos de *ato, fato jurídico* e *negócio jurídico* no Capítulo 6. Esse assunto é de grande relevância para a compreensão, a interpretação e a aplicação da lei. Veremos com atenção os defeitos do negócio jurídico, para que, assim, você esteja preparado para diferenciar vício de consentimento de vício social.

Por fim no Capítulo 7, analisaremos os institutos da prescrição e da decadência, refletindo acerca do tempo nas relações jurídicas e sobre a importância da segurança jurídica e do direito intertemporal.

Todos os capítulos deste livro se complementam e buscamos, assim, que você conheça e reflita sobre o direito civil contemporâneo. Desejamos a você uma boa leitura!

Capítulo 1

Teoria da relação jurídica

O presente capítulo tem por objetivo apresentar a parte geral do direito civil, a fim de garantir ao leitor conhecimentos introdutórios sobre a matéria.

Assim, o estudo da relação jurídica se faz necessário ao operador do direito, considerando-se os reflexos na vida pessoal, profissional e social dos indivíduos. É importante destacar que a relação jurídica não se confunde com a relação interpessoal comum ao convívio social, já que, naquela, o vínculo existente entre os sujeitos é dotado de obrigatoriedade, ao contrário desta.

O que nos parece é que o conceito de *relação jurídica* se aplica tão somente ao direito privado. Ele constitui-se relações jurídicas puramente existenciais, como as decorrentes dos direitos de personalidade. Em outras palavras, as relações jurídicas permeiam o cotidiano diário e se revelam nos simples atos de nossa vida pessoal, social e profissional, e isso torna inegável que o convívio em sociedade é o maior gerador dessas relações. Assim, a vida em sociedade é marcada por uma sucessão de fatos, os quais não devem ser vistos de forma estática.

— 1.1 —
Conceito

O direito surgiu como conjunto de normas (princípios e regras) que disciplinam as relações entre os indivíduos, com o objetivo principal de manter ordenada a convivência em sociedade. De forma prática, o direito almeja a paz social, com o reconhecimento de garantias e a imposição de deveres, fornecendo um mínimo ético necessário para promover a convivência fraterna e pacífica em sociedade (Figueiredo; Figueiredo, 2020).

Dessa forma, o direito se adéqua aos conceitos de certo ou errado de acordo com novas realidades geográficas, religiosas, humanísticas e históricas, pois ele não existe fora de uma sociedade. Nesse sentido, destacamos a observação de Gagliano e Pamplona Filho (2018, p. 57): "Como um dado cultural, produzido pelo homem, o direito visa a garantir a harmonia social, preservando a paz e a boa-fé, mediante o estabelecimento de regras de conduta, com sanção institucionalizada".

No mesmo sentido, Ihering (2006) afirma que o direito não se traduz como pura teoria, mas como força viva que se revela em constantes lutas em prol da construção e da manutenção de direitos. Ou seja, são as normas jurídicas que garantem a vida em sociedade, que é pautada na integração entre as regras e os valores.

Por fim, cabe reconhecer que o direito anda em descompasso com os anseios sociais; é evidente que o pensamento jurídico vigente deixa de abarcar uma série de demandas da sociedade moderna, a qual se revela tão plural.

— 1.2 —
Direito, moral e poder

Para uma melhor compreensão da palavra *direito* e de seu significado, faz-se necessário diferenciá-la de *moral* e consequentemente de *poder*, pois esses termos não devem ser considerados sinônimos, apesar de estarem sempre relacionados.

A *priori*, o direito e a moral são compreendidos como regras sociais reguladoras do comportamento do indivíduo inserido em determinado contexto social, apontando o que é certo ou não. Prova disso é que, desde os primórdios, são identificáveis as regras sociais, que são cumpridas de forma espontânea, a exemplo da honestidade, que integra o campo conceitual da moral.

De modo oposto, existem regras destinadas a promover a melhor convivência social e que têm o Estado como regulador. Assim, o indivíduo que não observá-las será compelido a cumpri-las para assim adequar-se ao padrão de comportamento. É essa regulação que distingue *direito* e *moral*. Nesse sentido, Gonçalves (2019, p. 4, grifo do original):

> As normas jurídicas e morais têm em comum o fato de constituírem regras de comportamento. No entanto, distinguem-se precipuamente pela **sanção** (que no direito é imposta pelo Estado para constranger os indivíduos à observância da norma, e na moral somente pela consciência do homem, traduzida pelo remorso, pelo arrependimento, porém sem coerção) e pelo **campo de ação**, que na moral é mais amplo.

Portanto, por um lado, o direito é regulador do comportamento humano e impõe uma série de prerrogativas e obrigações necessárias à manutenção de uma ordem mínima na convivência social. De outro, o conceito de *moral* é mais abrangente que o do direito, visto que está relacionado com os deveres do homem perante si e os próximos, seguindo regras individuais, as quais sustentam suas afirmações, a exemplo do que é certo ou errado.

Assim, ainda que o direito e a moral edifiquem regras de comportamento, eles se distanciam quanto à sanção, pois, no primeiro, ela é determinada e aplicada pelo Poder Público, agente limitador das vontades e das liberdades individuais; na segunda, a sanção é interna, advinda da consciência do agente, que reflete sobre sua culpabilidade por meio de remorso ou do arrependimento.

Já o poder tem uma relação mais estreita com o direito, pois a impositividade é sua característica marcante, só que ele advém do poder político que o representa. Nas palavras de Reale (2013, p. 230, grifo do original):

> Ora, o direito despido do poder é impotente, torna-se mero *desideratum* ético ou asseveração lógica sem condições de **realizabilidade** (e a realizabilidade, disse-o bem Ihering, é da essência da juridicidade); por outro lado, o poder, privado de referência jurídica ou não subordinado a limites objetivos, converte-se em pura força ou arbítrio. Poder e direito se exigem, pois reciprocamente se iluminam.

Ainda sobre o poder, um olhar mais abrangente é lançado por Foucault (2018), ao afirmar que toda forma de saber produz poder e que este se revela além das relações entre indivíduo e Estado, a exemplo dos círculos mais restritos, como os familiares e religiosos. Desse modo, a relação entre poder e direito se manifesta desde relações mais simples. Logo, a norma jurídica não deve ser vista como única expressão de poder, já que cabe considerar o contexto social no qual o indivíduo se encontra e suas pequenas dominações, as quais também são expressões de poder.

Portanto, é inegável que o poder exercido pelo Estado é aquele que garante a aplicação do direito, o qual é elementar no Estado Democrático de Direito e funciona como um sistema de freios e contrapesos na atuação dos poderes Legislativo, Executivo e Judiciário como criador, aplicador e garantidor de direitos e obrigações.

— 1.3 —
O direito e suas divisões

Desenvolver um conceito preciso de *direito* e apresentá-lo de forma única é tarefa difícil, quiçá impossível, considerando-se a quantidade de escolas doutrinárias e de teorias sobre ele e sua função social. Todavia, para uma melhor compreensão do tema, é importante reconhecer a característica essencialmente humana que reveste o direito e a inegável necessidade de um regramento para a obtenção da paz social.

O homem, como ser social, necessita de regras para a manutenção da convivência harmônica com seus pares. Surge, assim, o direito como conjunto de normas advindas do Estado com a destinação de regular a vida em sociedade.

Para entendermos melhor essa questão, vamos dividir o direito sob o viés doutrinário.

— 1.3.1 —
Direito objetivo e direito subjetivo

Define-se **direito objetivo** como o conjunto de normas jurídicas que regem o comportamento humano, de forma obrigatória, com a previsão de sanção em caso de desrespeito. Ou seja, o direito objetivo reflete a norma de agir emanada pelo Estado e direcionada às pessoas, impondo-lhes um comportamento condizente com o bem-estar social.

Assim, esse viés do direito reflete tudo o que está previsto na lei. Também é denominado por alguns doutrinadores como *direito positivo*, uma vez que representa o ordenamento jurídico de determinada nação aplicado em certo período e espaço conforme o contexto histórico, a exemplo do Código Civil. Como salienta Gonçalves (2019, p. 5): "Esse conjunto de regras jurídicas comportamentais (*norma agendi*) gera para os indivíduos a faculdade de satisfazer determinadas pretensões e de praticar os atos destinados a alcançar tais objetivos (*facultas agendi*)".

Por sua vez, o **direito subjetivo** reflete a vontade individual de agir segundo as regras impostas pelo direito, traduzindo-se como a faculdade de fazer ou de deixar fazer alguma coisa, um poder e dever necessário para a manutenção das relações interpessoais e a ordem social. Como podemos ver, o direito subjetivo é a permissão garantida pela norma para fazer ou não fazer alguma coisa ou exigir que essa conduta seja observada pelo Estado. Sobre isso, salientam Figueiredo e Figueiredo (2017, p. 88, grifo do original):

> Este **direito subjetivo**, que nada mais é senão a **permissão** que tem o homem de agir conforme o direito objetivo, pode ser classificado em: **(I) direito subjetivo comum da existência**, ou seja, relativos à autorização conferida pelo Poder Público para alguém fazer ou deixar de realizar algo, inexistindo neles a ideia de sanção; e **(II) direito subjetivo de defender direitos**, vale dizer, de tutelar efetivamente o exercício de uma dada conduta mediante sanções.

A doutrina questiona a origem dos direitos e, nesse debate, destacam-se dois grupos que se dedicam a esclarecer tal questão: os jusnaturalistas, que acreditam que os direitos são decorrentes da própria natureza humana, e os positivistas, para quem os direitos são postos e advindos da criação de sociedades, as quais ditam as normas de convivência harmônica.

Esse embate doutrinário[1] – traz como exemplos a teoria negativista e o pensamento de Kelsen, que reconhece somente

---

1 Devemos levar em conta, porém, que parte da doutrina, ainda que minoritária, não reconhece a existência do direito subjetivo.

um direito, o objetivo, imposto pelo Estado (Gagliano; Pamplona Filho, 2018).

Em contrapartida, a teoria afirmativa valida a existência do direito subjetivo, o qual se traduz na autorização garantida ao indivíduo para praticar ou não determinada ação, assegurando inclusive a possibilidade de exigir do Estado a observância de tal ação. Essa teoria é tida como majoritária, considerando-se que os direitos subjetivo e objetivo coexistem e são complementares e dependentes um do outro.

Consoante ao já exposto, o **direito positivo** se define como o conjunto de normas vigentes em uma sociedade, construído com base em determinados comportamentos sociais usuais em certo recorte temporal, noção ligada à ideia de vigência (Figueiredo; Figueiredo, 2020).

Outro conceito que merece referência é o de ***direito potestativo***, o qual não se confunde com o direito subjetivo e tampouco com o poder jurídico. Assim, conceitua-se *direito potestativo* como aquele que concede a seu titular a produção de efeitos jurídicos em determinadas situações por simples ato de vontade, com reflexos estendidos inclusive a terceiros, dispensando atuação direta da parte contrária para seu exercício. Um exemplo é possibilidade do herdeiro de aceitar ou não a herança que lhe foi transmitida, conforme o disposto no art. 1.804 do Código Civil – Lei n. 10.406, de 10 de janeiro de 2002 (Brasil, 2002).

Por fim, ressaltamos a possibilidade de exigir que o Poder Judiciário integre a vontade do titular por meio de intervenção estatal para o exercício eficaz do direito potestativo. Prova disso é a decretação do divórcio, mediante ato de vontade, sem a necessidade de exposição de motivos, algo cada vez mais concedido em sede liminar.

— 1.3.2 —
Direito público e direito privado

Outra divisão consagrada pelo direito romano e que se revela de grande importância para a compreensão do tema é a distinção entre direito público e privado. Nos tempos atuais, essa distinção não se revela suficiente na aplicação prática, pois não são raras as situações em que o Estado figura em uma relação jurídica não pública ou os interesses se sobrepõem. Sobre o tema, dispõem Farias e Rosenvald (2011, p. 40):

> É necessário reconhecer, nesse passo, que as disposições da Carta Constitucional modificaram o substrato das categorias jurídicas, até então separadas no público e no privado. Ao recepcionar, em sede constitucional, temas que antes, na dicotomia tradicional, eram emoldurados em sede exclusivamente privada (como a família, a propriedade, o consumidor, o contrato, entre outros), deu-se um rompimento, no sentido de atender às aspirações maiores da sociedade brasileira.

Desse modo, ainda que essa classificação persista às críticas, ela é adotada no ensino jurídico. Classifica, portanto, o **direito público** como aquele que diz respeito ao Estado, refletindo a supremacia do interesse público sobre o particular, e o **direito privado** como aquele que regula as relações individuais, para as quais se pressupõe igualdade entre as partes e discussão sobre interesses particulares. Tais áreas são ramificadas como mostrado no Quadro 1.1.

Quadro 1.1 – Ramificações do direito público e do direito privado

Direito público	Direito privado
Direito constitucional	Direito civil
Direito administrativo	Direito comercial
Direito tributário	Direito do consumidor
Direito penal	Direito do trabalho
Direito processual	Direito agrário
Direito internacional	Direito marítimo
Direito ambiental	Direito aeronáutico
Direito previdenciário	

Em que pese o estudo dos ramos do direito seja realizado de forma autônoma, é importante esclarecer que tal divisão não é uma verdade absoluta, pois não há mais demarcações tão evidentes entre o que é público e o que é privado como outrora.

— 1.4 —
Fontes do direito

Segundo Ferraz Júnior (2015), o direito não deve se restringir a um dado, pois é uma construção social. Nesse contexto, as **fontes formais** advêm de um processo técnico e são apresentadas à sociedade como leis e decretos. Já as **fontes materiais** são vistas como acontecimentos relevantes em um contexto social que serão determinantes na construção do direito como conjunto de normas e regras atinentes àquela sociedade.

Portanto, as fontes de direito são os meios que criam, modificam e extinguem as normas jurídicas, e a lei é uma **fonte primária**. De modo suscinto, podemos definir *lei* como uma regra geral de direito, abstrata e permanente, escrita, dotada de sanção e expressa por autoridade competente, que se torna de cunho obrigatório (Gagliano; Pamplona Filho, 2018).

— 1.4.1 —
Classificações da lei

A lei é reconhecida como fonte formal do direito, como mencionamos anteriormente, vista como produto do Poder Legislativo no desenvolvimento de sua atividade central. Impõe, frequentemente, óbices às ações humanas, de modo escrito e por meio de regras impessoais e gerais destinadas a todos os cidadãos. Além disso, as leis emanam do Poder Público e se revelam imperativas, porque existem determinados comportamentos que legitimam a coação, permitindo o uso da força para intimidar e reparar eventuais lesões (Figueiredo; Figueiredo, 2020).

Quanto à imperatividade, as leis podem ser classificadas como:

- **Cogentes** ou **de ordem pública** – Quando versam sobre direitos indisponíveis, irrenunciáveis, intransacionáveis, incompensáveis, absolutos, intransmissíveis e imprescritíveis, e sua inobservância é capaz de gerar a nulidade absoluta do ato.
- **Não cogentes** ou **dispositivas** – Quando trazem alternativas de condutas permitidas. Um exemplo é a utilização, no texto da lei, da expressão *salvo disposto em contrário*.

Quanto à intensidade das sanções previstas, as leis podem ser:

- **Mais que perfeitas** – Quando ensejam a aplicação de duas sanções, por exemplo, a anulação do negócio jurídico e a devolução do objeto do contrato. Um exemplo é a proibição da pessoa casada de contrair outro casamento, sob pena da nulidade e imputação de bigamia.
- **Perfeitas** – Quando autorizam apenas uma sanção, como a declaração da nulidade do ato ou a possibilidade de sua anulação, sem aplicação de pena ao violador. Um exemplo é a anulação de um contrato celebrado por incapaz que pode acarretar prejuízos ao patrimônio deste, sem imposição de sanção ao incapaz.
- **Menos que perfeitas** – Quando autorizam a aplicação de pena ao violador, mas não a invalidade do ato. Um exemplo é a pessoa que deseja contrair novo matrimônio sem ter realizado a partilha de bens da união anterior.

- **Imperfeitas** – Quando violadas, não trazem qualquer consequência jurídica, a exemplo do que trata o art. 814 do Código Civil, que versa sobre a inexigência de pagamento em situações de dívidas de jogo.

Concernente à natureza jurídica, as leis podem ser:

- **Materiais** e **substantivas** – Quando versam sobre o direito material, a exemplo do direito civil e do direito penal.
- **Processuais** ou **adjetivas** – Quando atreladas ao rito adotado para o caso, por exemplo, o direito processual civil e o direito processual penal.

Quanto à hierarquia entre as espécies normativas, destacamos a seguinte estruturação, em ordem decrescente:

- **Leis constitucionais** – São tidas como a espécie mais importante do ordenamento jurídico nacional, no topo da pirâmide hierárquica, uma vez que se referem aos direitos fundamentais, à dignidade da pessoa humana e aos princípios basilares da República.
- **Leis complementares** – Têm a finalidade de regulamentar normas previstas na Constituição, em atenção aos arts. 59 a 69 da Magna Carta. Por disciplinarem matérias específicas, exigem quórum especial.
- **Leis ordinárias** – Refletem a verdadeira função de legislar, visto que compõem a produção das assembleias legislativas, das câmaras dos vereadores e do Congresso Nacional. Geralmente contêm normas gerais e abstratas, ou seja, abrangem toda a população.

- **Leis delegadas** – São atos normativos emanados pelo Executivo, desde que autorizados pelo legislador, de modo extraordinário. As leis delegadas diferenciam-se das medidas provisórias, que veremos a seguir, pois aquelas não têm relevância e urgência em sua criação.
- **Medidas provisórias** – São editadas pelo presidente da República, nos termos do art. 84, inciso XXVI, da Constituição. São utilizadas em caso de urgência e de relevância.
- **Decretos legislativos** – Correspondem a atos normativos aprovados pelo Congresso Nacional sobre matérias de sua competência exclusiva; posteriormente, são remetidos para sanção ou veto do presidente da República.
- **Resoluções** – Trata-se de decisões emanadas pelo Poder Legislativo que têm efeito interno sobre temas de interesse. São utilizadas para conceder licenças de deputados e senadores e esclarecer a atribuição de determinado benefício, por exemplo.

No que tange ao alcance da norma, temos:

- **Norma geral** – Destinada a aplicar de forma integral todo um sistema jurídico, tal como o Código Penal.
- **Norma especial** – Visa a situações específicas, por exemplo, o Código de Defesa do Consumidor[2] (Gagliano; Pamplona Filho, 2018).

---

2   Lei n. 8.078, de 11 de setembro de 1990 (Brasil, 1990b).

Uma das maneiras de se compreender o direito é promover a distinção entre princípios e regras para analisar a estrutura das normas de direitos fundamentais. Desse modo, conceituam-se como princípios as normas que determinam que algo seja feito de acordo com a realidade fática e jurídica atinente ao caso; já as regras são normas que podem ou não ser cumpridas.

Há, entretanto, situações de conflito entre regras ou de colisão entre princípios. Entre regras, o conflito é solucionado por subsunção, aplicando-se integralmente determinada regra para o caso e declarando-se a outra inválida. Já a colisão entre princípios é resolvida de forma diversa, aplicando-se um sopesamento entre eles (Figueiredo; Figueiredo, 2020).

Consoante ao exposto, resta claro que a lei é fonte material primária, todavia a dinâmica social revela casos em que não existirá expressão normativa a ser aplicada, ou seja, haverá uma lacuna legal. Assim, na ausência de fundamentação legal, cabe ao ordenamento jurídico adotar a integração normativa para suprir tal incompletude, com o reconhecimento das fontes formais. Sobre o juiz contemporâneo, salienta Bürger (2015, p. 71):

> Na seara endoprocessual, não cabe ao juiz apenas aplicar a lei aos casos concretos, decidindo as causas, mas dele se exige que leve em conta as singularidades próprias de cada caso e quando da aplicação pura da lei ao caso não corresponder uma decisão justa, que faça prevalecer as peculiaridades em relação a abstração da lei.

Prova disso é o disposto no art. 4º da Lei de Introdução às Normas do Direito Brasileiro (LINDB) – Decreto-Lei n. 4.657, de 4 de setembro de 1942 (Brasil, 1942) –, alterada pela Lei n. 12.376, de 30 de dezembro de 2010 (Brasil, 2010), que demonstra a aplicação da analogia, dos costumes e dos princípios gerais do direito pelo magistrado como forma de integração normativa em situações nas quais existe lacuna na lei (Figueiredo; Figueiredo, 2020), além da equidade, da doutrina e da jurisprudência, de que também trataremos a seguir.

A **analogia** como método de integração normativa se revela pela aplicação de uma norma tipificada a determinado caso concreto em outro caso que se identifique como semelhante e que não tenha previsão normativa anterior. Essa situação deve ser fundamentada na identidade da norma, e não na identidade do fato, respeitando-se as individualidades.

Os **costumes** se identificam como a prática reiterada e pública de determinado ato, aceito e reconhecido em um contexto social específico, sem qualquer intervenção estatal. É importante esclarecer que o Brasil adota o sistema *civil law*, no qual o costume é visto como um método de integração normativa, perdendo sua importância diante de uma norma. Os costumes são reconhecidos pela doutrina da seguinte forma:

- **Segundo a lei** ou *secundum legem* – São costumes em que a lei, em seu próprio texto, traz a expressão *segundo o costume de tal lugar*. Um exemplo é a aplicação dos costumes de um local quanto ao pagamento de aluguel, em situações que não se observa a disposição sobre o prazo, consoante ao disposto no art. 569 do Código Civil.

- **Integrativos** ou *praeter legem* – São costumes utilizados para suprir omissão da norma sobre o tema. Destaca-se, por exemplo, a emissão de cheques pré-datados, o que a princípio contraria a natureza do cheque como ordem de pagamento à vista. Fato é que esse costume foi incorporado às relações sociais de tal forma que o desconto do cheque na data prefixada passou a ser entendido como obrigatório, e isso foi motivo da edição, pelo Superior Tribunal de Justiça (STJ), da Súmula n. 370, de 16 de fevereiro de 2009 (Brasil, 2009), do Superior Tribunal de Justiça (STJ), que garante o pagamento de danos morais em caso de apresentação da ordem de pagamento de modo antecipado ao aprazado.

Os **princípios gerais do direito** são regras abstratas que permeiam o ordenamento jurídico e se destinam à compreensão sobre determinado assunto. São pilares que edificam a legislação mesmo sem previsão positivada e não devem ser confundidos com os princípios fundamentais do sistema jurídico.

Vale repetir: os princípios gerais de direito são as normas jurídicas com conteúdo aberto e valorativo, aptos para o preenchimento de lacunas e com características universais. Ou seja, são os mesmos em qualquer sistema jurídico, inspirando métodos para colmatar vazios normativos (Farias; Rosenvald, 2011).

Como já mencionamos, o direito civil vive em constante mutação, pois destina-se a regular as relações sociais e sua constante transformação. Por esse motivo, podemos identificar a existência de fontes secundárias do direito, como equidade, doutrina e jurisprudência.

A **equidade** visa à solução justa do caso concreto. Cabe ao magistrado proferir decisões pautadas na equidade para atingir o bem comum e os fins sociais pretendidos pela ordem jurídica. Assim, a equidade é tida como forma de integração normativa, em que pese não ser disciplinada no art. 4º da LINDB, e pode ser utilizada para solucionar as omissões legislativas.

A **doutrina** se revela mais abrangente que a opinião e a obra dos juristas, já que o estudo doutrinário promove uma análise constante do direito vigente sob os prismas sociológico e filosófico, entre outros. No mais, a doutrina aprimora o ordenamento pátrio, pois não se preocupa tão somente com a aplicação da lei, mas também com a elaboração desta, com a utilidade das sanções ou das restrições e com a efetividade da justiça.

A **jurisprudência** corresponde à interpretação da lei de modo contínuo e reiterado pelos tribunais pátrios em um recorte temporal. É importante reforçar que a jurisprudência jamais se confunde com uma decisão isolada sobre tema diverso, pois é de seu caráter o debate exaustivo e repetitivo do tema, o que auxilia na interpretação da lei de forma atenta às transformações sociais.

Sem dúvida, a jurisprudência revela o trabalho interpretativo do magistrado, pois é inegável que o direito anda em descompasso com a sociedade e, por isso, a decisão deve ser proferida de modo antecipado ao processo legislativo, como as decisões referentes ao reconhecimento de união estável homoafetiva.

Por fim, destacamos que o reconhecimento da jurisprudência como fonte do direito foi consolidado com a Emenda Constitucional n. 25, de 14 de fevereiro de 2000 (Brasil, 2000), que acrescentou o art. 103-A à Constituição Federal, o que possibilitou ao STJ editar súmulas vinculantes, as quais têm por função garantir uniformidade aos julgamentos de casos análogos.

Para reflexão ─────────────────────────────

Como vimos neste primeiro capítulo, o direito como conjunto de normas tem em sua essência o ser humano, por isso é necessária a criação de um regramento jurídico para a obtenção da harmonia social. Em razão da diversidade social e da própria dinâmica do desenvolvimento humano, podemos dizer que o direito sempre está em descompasso com os anseios sociais.

Por tal motivo, nem sempre as normas jurídicas se aplicam a todas as situações fáticas apresentadas. Assim, pode o magistrado se recusar a proferir uma decisão argumentando a inexistência de lei aplicável ao caso?

A resposta é *não*. O magistrado que se depara com a ausência de uma norma específica deverá suprimi-la com uma série de técnicas integrativas, como o uso de analogias, costumes, princípios gerais do direito, jurisprudência, doutrina e equidade.

Na prática, a analogia é empregada nas decisões judiciais que versam sobre união estável homoafetiva, pois não existe lei própria para tutelar os interesses em situações que envolvem alimentos, filhos, sucessões e partilha de bens. Tal debate foi levado ao Supremo Tribunal Federal (STF), que julgou a Ação Direta de Inconstitucionalidade (ADI) n. 4.277 e a Arguição de Descumprimento de Preceito Fundamental (ADPF) n. 132, ambas de 5 de maio de 2011 (Brasil, 2011b; 2011c), reconhecendo a união estável para casais do mesmo sexo. Portanto, ainda que inexista lei específica, resta evidente a importância da analogia como técnica integrativa.

No mesmo sentido, os costumes são utilizados para a análise do caso concreto, em situações específicas, revelando que passaram a ser aceitos como prática usual em determinado meio social. Nesse sentido, versa a jurisprudência:

> RECURSO ESPECIAL. NEGATIVA DE PRESTAÇÃO JURISDICIONAL. OMISSÃO INEXISTENTE. AÇÃO MONITÓRIA. JULGAMENTO COM BASE NO COSTUME E NO PRINCÍPIO DA BOA-FÉ OBJETIVA. DISPOSITIVO LEGAL EXPRESSO. INTERPRETAÇÃO. CHEQUES EMPRESTADOS A TERCEIRO. FATO INCONTROVERSO. RESPONSABILIDADE DO EMITENTE PELO PAGAMENTO. JULGAMENTO: CPC/73.[3]
>
> 1. Ação monitória ajuizada em 22/03/2011, da qual foi extraído o presente recurso especial, interposto em 22/09/2015 e atribuído ao gabinete em 25/08/2016.

---

3   Código de Processo Civil - Lei n. 5.869, de 11 de janeiro de 1973 (Brasil, 1973).

2. O propósito recursal é dizer sobre a possibilidade de julgamento com base no costume e no princípio da boa-fé, ante a existência de previsão legislativa em sentido diverso, bem como sobre a responsabilidade do emitente pelo pagamento dos cheques por ele emprestados a terceiro.

3. Devidamente analisadas e discutidas as questões de mérito, e suficientemente fundamentado o acórdão recorrido, de modo a esgotar a prestação jurisdicional, não há falar em violação do art. 535, II, do CPC/73.

4. Na ausência de lacuna, não cabe ao julgador se valer de um costume para afastar a aplicação da lei, sob pena de ofensa ao art. 4º da LINDB, conquanto ele possa lhe servir de parâmetro interpretativo quanto ao sentido e alcance do texto normativo. (Brasil, 2019f)

Em síntese, as fontes formais do direito sustentam a integração normativa e demonstram que o ordenamento pátrio não é um sistema fechado aos valores sociais e às necessidades de seus indivíduos, o que reforça nosso aprendizado sobre a importância que o Código Civil atribuiu à promoção humana e à harmonia social.

Capítulo 2

Direito civil e sua codificação

O direito civil tem sua origem ligada ao direito romano, que regia a vida dos cidadãos romanos independentes, existindo à época normas jurídicas atinentes a questões envolvendo família, herança e patrimônio (Gagliano; Pamplona Filho, 2018). Mesmo com o passar dos tempos, podemos notar que o direito civil se mantém como o regramento que orienta as relações privadas em todos os momentos da vida humana.

Destacamos que o direito romano foi inspirado pelo direito germânico, promovendo a socialização sob a luz do interesse coletivo. Além disso, o direito canônico também exerceu grande influência no direito romano, que replicou os conceitos de ética, bondade e espiritualidade daquele tempo, os quais se perpetuam até os dias de hoje.

— 2.1 —
Codificação sob o prisma histórico

Com o advento das revoluções burguesas dos séculos XVII e XVIII, foi aplicada ao direito civil uma nova roupagem, com viés liberal, ao garantir menor intervenção estatal nas relações, e com viés individual, ao direcionar a realização dos interesses individuais em detrimento dos coletivos e patrimonialistas, destinados à proteção dos bens de cada indivíduo (Schreiber, 2018).

Em 1804, surgiu uma nova matriz teórica garantidora dos direitos, o Código de Napoleão, com a intenção de regular todos os atos das relações privadas e intimamente ligados ao direito de propriedade. É inegável a influência do documento na criação de outros códigos pelo mundo.

Nesse recorte temporal, vale destacar que o direito português era o aplicado no Brasil, em razão da relação de dependência entre esses países. O conjunto normativo da época era influenciado pelos direitos romano e canônico, originando as Ordenações Afonsinas (1446), Manuelinas (1521) e Filipinas (1603).

Com a independência do Brasil, em 1822, foi elaborada a lei que determinou a vigência das Ordenações Filipinas até a elaboração de um código civil, o que efetivamente ocorreu em 1916, elaborado sob a influência do Código Civil alemão e do Código de Napoleão. Era um diploma conservador, individualista, agrário e patrimonialista, que refletia a sociedade escravagista, rural e patriarcal na qual foi estruturado, sobrevivendo por mais de 80 anos (Gagliano; Pamplona Filho, 2018).

De fato, com o passar dos tempos, esse primeiro Código Civil deixou de refletir as mudanças sociais apresentadas no país, motivo pelo qual, em 1969, foi criada uma comissão para elaborar um novo código. Não obstante, houve inúmeras transformações sociais nos anos seguintes, e uma das mais importantes foi a Constituição de Federal de 1988.

Assim, após longos anos de processo legislativo, foi sancionado o novo Código Civil brasileiro – Lei n. 10.406. de 10 de janeiro de 2002 (Brasil, 2002) – dessa vez pautado em valores como a dignidade da pessoa humana, a igualdade e o exercício não abusivo da atividade econômica, os quais foram trazidos pela Constituição e enalteceram o papel do ser humano como sujeito principal no ordenamento jurídico pátrio. Sobre o tema, esclarecem Farias e Rosenvald (2011, p. 173, grifo do original):

> Dignidade da pessoa humana, nessa ordem de ideias, expressa uma gama de valores humanizadores e civilizatórios incorporados ao sistema jurídico brasileiro, com reflexos multidisciplinares. Equivale a dizer: todas as normas jurídicas do Direito Civil (e, é claro, dos demais ramos da ciência jurídica) relativas à personalidade jurídica têm de estar vocacionadas à dignidade do homem. É preciso, pois, **efetivar** no caso concreto, no cotidiano jurídico, a afirmação da dignidade humana, como postulado básico da ordem jurídica. Equivale a dizer: impende exigir, contemporaneamente, que a legalidade constitucional permeie todo o tecido normativo do Direito Civil. Ou seja, é preciso funcionalizar os institutos privados aos valores constitucionais.

Destacamos que o referido diploma não trouxe muitas novidades e deixou de observar temas relevantes, como os novos arranjos familiares e seus reflexos no âmbito sucessório. Sem dúvidas, o código já nasceu com um olhar antigo, o que acarreta a recorrente atuação do Estado, em especial do Poder Judiciário, para reconhecer o exercício da autonomia privada sob a ótica dos valores ali firmados.

— 2.2 —
Princípios norteadores do Código Civil de 2002

Em simples conceituação, a palavra *princípio* remete ao início ou à base sobre a qual algo foi edificado. Na ótica civilista, os *princípios* são vetores que auxiliam na aplicação da lei ao caso concreto, almejando-se a justiça.

Logo, o Código Civil de 2002 tem por norteadores os princípios da eticidade, da socialidade e da operabilidade, o que torna cada vez mais próximo o direito da ética, primando-se pela observância dos valores constitucionais em harmonia com o direito civil.

A **eticidade** impõe uma ação em consonância com os valores morais e sociais. No Código Civil, esse princípio corporifica-se nas relações patrimoniais e existenciais, relacionando-se com o direito constitucional, pois está fundado no respeito à dignidade humana, enaltecendo a boa-fé subjetiva e objetiva, a probidade e a equidade. Como exemplo, temos a boa-fé contratual. Nesse sentido, Tartuce (2015, p. 60-61), esclarece que:

> O **princípio da eticidade** pode ser percebido pela leitura de vários dispositivos da atual codificação privada. Inicialmente, nota-se a valorização das condutas éticas, de **boa-fé objetiva** – aquela relacionada com a conduta de lealdade das partes negociais –, pelo conteúdo da norma do artigo 113, caput,

segundo o qual "os negócios jurídicos devem ser interpretados conforme a boa-fé e os usos do lugar da celebração" (**função interpretativa da boa-fé-objetiva**).

Destacamos, ainda, que a eticidade se revela nas reações extrapatrimoniais, como aquelas de parentalidade socioafetiva, nas quais a boa-fé e a ética alçam uma nova valoração pautada no afeto, na igualdade e na desbiologização (Calderón, 2017).

Já a **socialidade** reflete a mudança de paradigma promovida pelo Código Civil de 2002, que prima pela solidariedade entre os indivíduos em prol da diminuição da desigualdade social (Gagliano; Pamplona Filho, 2018). Na verdade, o referido princípio se revela no diploma civil pátrio na função social da propriedade, do contrato e da posse, além de revelar uma percepção mais ampla acerca dos indivíduos que compõem determinada relação jurídica, seus anseios, seus direitos e suas obrigações.

É importante citar que os princípios da eticidade e da sociabilidade se entrelaçam. A relação entre a conduta individual e a moral (boa-fé) e a busca pelo bem comum são dependentes entre si. Ou seja, não há indivíduo isolado e, muito menos, coletivo social sem sopesar direitos e deveres de todos os cidadãos.

Por fim, a **operabilidade** se revela na garantia de soluções viáveis e operáveis para promover maior facilidade de acesso ao Judiciário, como demonstra o art. 5º, inciso XXXV, da Constituição Federal (Brasil, 1988). Além disso, esse princípio garante ao magistrado mais poderes hermenêuticos, permitindo-lhe uma análise do caso concreto e das reais necessidades que levaram ao pedido de tutela jurisdicional (Figueiredo; Figueiredo, 2020).

Além dos princípios já mencionados, considerados basilares, é preciso destacar outros que permeiam o Código Civil, quais sejam:

- **Princípio da personalidade** – Determina que todo indivíduo tem direito à existência reconhecida, o que lhe impõe uma série de direitos e obrigações.
- **Princípio da autonomia da vontade** – Refere-se à capacidade da pessoa humana de praticar ou abster-se de praticar certos atos como manifestação de sua vontade.
- **Princípio da liberdade de estipulação negocial** – Corresponde ao livre-arbítrio do ser humano na celebração de negócios jurídicos.
- **Princípio da propriedade individual** – Garante a valoração do indivíduo por seu trabalho como meio de exteriorização da personalidade e edificação de patrimônio.
- **Princípio da intangibilidade familiar** – Ressalta a importância da família para o desenvolvimento do indivíduo.
- **Princípio da legitimidade da herança e do direito de testar** – Assegura ao indivíduo a possibilidade de dispor dos bens e da forma de transmissão a seus herdeiros.

Para finalizarmos, podemos mencionar que o Código Civil de 2002 enfrenta vários desafios se observarmos que as mudanças propostas naquela época se encontram, por vezes, incapazes de abranger os novos modelos sociais. Desse modo, o embate entre a segurança legal e o equilíbrio das liberdades individuais torna cada vez mais necessária a observância dos princípios na aplicabilidade das normas, a fim de promover uma sociedade cada vez mais justa e igualitária.

— 2.3 —
Constitucionalização do direito civil

A Constituição é a norma superior do ordenamento jurídico, dotada de supremacia e reconhecida como fundamento de validade de todo o sistema. Essa condição de superioridade transmite um rol de valores que refletem as aspirações sociais e que devem ser adotados na criação e na interpretação das demais normas jurídicas. Sobre isso, leciona Perlingieri (2002, p. 5):

> O conjunto de valores, de bens, de interesses que o ordenamento jurídico considera e privilegia, e mesmo a sua hierarquia traduzem o tipo de ordenamento com o qual se opera. Não existe, em abstrato, o ordenamento jurídico, mas existem ordenamentos jurídicos, cada um dos quais caracterizado por uma filosofia de vida, isto é, por valores e princípios fundamentais que constituem a sua estrutura qualificadora.

É inegável que a Constituição de 1988 promoveu a reformulação de diversos valores sociais. Prova disso é a disposição acerca da propriedade e da função social, o reconhecimento da união estável e a especial proteção à família, à criança e ao adolescente. Tais matérias, originalmente pertencentes ao direito civil, foram trazidas ao texto da Magna Carta, reconhecendo a existência de um núcleo de princípios constitucionais direcionados às relações privadas.

Ademais, em ato posterior, o diploma civilista de 2002 distanciou-se do caráter patrimonialista de seu antecessor e começou a ser visto como meio do desenvolvimento da pessoa humana, e não mais como fim a ser tutelado. Desse modo, o Código Civil passou a ser interpretado segundo os princípios e os valores previstos no texto constitucional, enaltecendo os direitos fundamentais nas relações entre os particulares.

No Brasil, a distinção entre o direito público e o direito privado não se revela mais tão precisa como outrora; inclusive é vista como mera classificação doutrinária. Portanto, o direito civil-constitucional busca a promoção de valores como dignidade humana, solidariedade social e igualdade substancial, por isso é necessário diferenciar as relações jurídicas patrimoniais das relações jurídicas existenciais.

Por fim, podemos dizer que o direito civil contemporâneo se demonstra cada vez mais voltado a construir uma sociedade mais solidária e mais justa, fundada na igualdade material e na efetiva tutela dos direitos fundamentais (Schreiber, 2018).

— 2.4 —
Direitos da personalidade

Um breve histórico demonstra que os direitos da personalidade foram edificados recentemente, em especial após as condutas desumanas praticadas na Segunda Guerra Mundial pelo nazismo contra a individualidade da pessoa humana e até mesmo contra a humanidade (Farias; Rosenvald, 2011).

Para Gagliano e Pamplona Filho (2018), a proteção jurídica do ser humano não deve ser restrita tão somente ao seu patrimônio, mas deve se estender à sua essência. Prova disso é que o Código Civil de 2002 deixou de ter caráter essencialmente patrimonial e passou a preocupar-se com o desenvolvimento do indivíduo, destinando um capítulo próprio aos direitos da personalidade, sempre em sintonia com os princípios norteadores da Constituição de 1988.

Atualmente, o tratamento ofertado por diversos códigos pelo mundo alça o indivíduo ao centro do ordenamento, em busca da mais efetiva dignidade da pessoa humana. No Brasil, notamos o reconhecimento dos direitos da personalidade em constante diálogo com os princípios e as garantias fundamentais previstos na Constituição Federal.

Em breves linhas, os direitos da personalidade são aqueles que tutelam os atributos físicos, psíquicos e morais do indivíduo, bem como suas projeções na esfera social, compondo a parte mais íntima da pessoa, destinados à afirmação de seus valores existenciais. Os direitos da personalidade são reconhecidos pelas seguintes características:

- **Indisponibilidade** – Não são passíveis de transmissão e renúncia, já que sua razão de ser é indissociável do titular. Contudo, o Enunciado n. 4 (Brasil, 2021b), da Primeira Jornada de Direito Civil do Conselho da Justiça Federal (CJF) esclarece que há exceções, pois reconhece que o exercício dos direitos da personalidade pode sofrer limitações voluntárias, desde que não sejam permanentes.
- **Imprescritibilidade** – Podem ser realizados a qualquer tempo, posto que não se extinguem pela ausência de exercício. Em situações de violação dos direitos de personalidade, há de se falar em prescrição quando se objetiva condenação indenizatória por danos.
- **Não taxatividade** – Apresentam um rol de direitos elástico que não impede que se identifiquem outras formas de manifestação merecedoras de tutela judicial.
- **Absolutismo** – São oponíveis *erga omnes*, exigindo-se do coletivo o respeito à personalidade individual. O titular pode protegê-lo de quem quer que seja no que se refere à interferência indevida.
- **Extrapatrimonialismo** – Não carregam conteúdo econômico em sua essência. Entrementes, sua violação ou até sua cessão pode conferir valor econômico, como a reparação por dano moral prevista no art. 5º, inciso V, da Constituição Federal.

- **Vitaliciedade** – São inatos e permanentes, acompanhando o indivíduo do nascimento com vida até sua morte. Alguns desses direitos são tutelados além da morte da pessoa.

A tutela processual dos direitos da personalidade encontra amparo no art. 12 do Código Civil: pode ser repressiva ou preventiva e independe da demonstração do binômio lesão/sanção para sua incidência (Figueiredo; Figueiredo, 2020).

No que tange à classificação dos direitos da personalidade, temos os seguintes pilares:

- **Integridade física** – Tutela ao corpo vivo, ao corpo morto e à autonomia do paciente.
- **Integridade psíquica ou moral** – Imagem, privacidade, honra e nome.
- **Integridade intelectual** – Direitos autorais e propriedade industrial.

A integridade física busca proteger o corpo humano, em seu todo e em parte. O art. 13 do Código Civil veda a disposição permanente do próprio corpo, ressalvadas as exceções, como a retirada de um órgão para a manutenção da saúde, bem como a realização de um transplante (Brasil, 2002). Sobre a proteção à vida, Farias e Rosenvald (2011, p. 216) afirmam:

> A vida humana reclama, pois, especialíssima proteção, impondo a repulsa contra todo e qualquer risco contra a degradação ou destruição de sua integridade, especialmente em épocas de importantes descobertas científicas pela engenharia genética

e de crescimento social e econômico constante (e, às vezes, desenfreado), não raro colocando em risco a integridade física do ser humano.

Além disso, são permitidas as disposições do próprio corpo em situações como cirurgias plásticas e tatuagens, desde que não ofendam os bons costumes (Tartuce, 2021). Outrossim, o art. 14 do referido diploma dispõe sobre a tutela ao corpo morto e garante a disposição gratuita do próprio corpo, no todo ou em parte, depois da morte, com objetivo científico ou altruísta. Nesse caso, fica evidenciada a possibilidade de transplante de órgãos e a pesquisa médica, que prescindem de autorização do doador ou do suprimento de seus legitimados.

De outro lado, a autonomia do paciente é o direito de ele escolher a qual tratamento médico deseja se submeter, nos termos do art. 15 do Código Civil, a exemplo das diretivas antecipadas de vontade como documento hábil para relacionar os tratamentos desejados, a doação de órgãos e o destino do corpo. Sobre isso, esclarece Dadalto (2013, p. 64):

> A declaração prévia de vontade do paciente terminal é um documento escrito por uma pessoa capaz, no pleno exercício de suas capacidades, com a finalidade de manifestar previamente sua vontade, acerca dos tratamentos e não tratamentos a que deseja ser submetido quando estiver impossibilitado de manifestar sua vontade, diante de uma situação de terminalidade.

Em sua forma mais adequada, o documento deve ser feito pelo paciente orientado pelo profissional da medicina para adequação dos termos técnicos ao caso e depois deve ser entregue ao médico e anexado ao prontuário. Tais diretivas podem ser modificadas a qualquer momento, desde que o paciente esteja pleno de suas capacidades no momento da alteração.

Repassada a tutela do corpo, direcionamos nosso estudo ao pilar da integridade psíquica ou moral como aspectos intrínsecos da personalidade, sendo esta composta por imagem, privacidade, honra e nome.

Em simples definição, a imagem é a expressão exterior de uma pessoa digna de proteção. A imagem não se restringe à fisionomia (aspectos físicos), mas abrange a identificação social do indivíduo na sociedade e até mesmo seu timbre sonoro identificador, no caso de pessoas reconhecidas por sua voz (Tartuce, 2021).

A tutela jurisdicional da imagem encontra amparo na Constituição Federal, em seu art. 5º, incisos V e X, e no Código Civil, em seu art. 20. Portanto, a utilização indevida da imagem bem como o desvio de sua utilização denotam a violação do direito de imagem, o que enseja responsabilização civil.

Em tempos de avanços tecnológicos, com o uso cada vez mais democrático da internet e com a captação de imagens, a preocupação com a imagem e sua proteção é constante, basta observarmos a rapidez da transmissão dos dados e a intensificação dos danos em um curto lapso temporal.

A esse respeito, destacamos a importância da Lei n. 13.853, de 8 de julho de 2019 (Lei Geral de Proteção de Dados), a qual visa regular o tratamento de dados pessoais, inclusive em meios digitais, das pessoas físicas ou jurídicas, públicas e privadas com o escopo de proteger os direitos de privacidade e liberdade (Brasil, 2019b). Sobre essa lei, dispõe Bioni (2019, p. 98):

> O direito à proteção de dados angaria autonomia própria. É um novo direito de personalidade que não pode ser marrado a uma categoria especificam em particular ao direito à privacidade. Pelo contrário, demanda-se uma correspondente ampliação normativa, que clareie e não empole sua tutela.

Se a imagem traduz as características identificadoras de uma pessoa e a privacidade está atrelada a seu interesse em preservar sua esfera íntima, a honra é identificada como o prestígio social e deve ser protegido de fatos desabonadores perante a sociedade. Portanto, a honra é considerada direito da personalidade e se traduz como a reputação. Assim, cabe a proteção em suas duas dimensões, quais sejam:

1. objetiva: reputação perante a sociedade em que o sujeito está inserido;
2. subjetiva: reputação que traduz a estima pessoal, que advém do próprio juízo valorativo que a pessoa faz de si mesmo.

É reconhecida a violação das honras objetiva e subjetiva, o que acarreta a reparação pelo dano moral e exige do magistrado um olhar atento às questões relacionadas com a repercussão da lesão e a extensão do dano para a fixação do *quantum* indenizatório, pois este não pode servir de estímulo ao ofensor e muito menos promover o enriquecimento ilícito da vítima.

Já a privacidade se refere às informações individuais, como orientação sexual, religião, pensamento político e estado de saúde. Esses dados são considerados invioláveis, por isso é possível impedir ou até mesmo fazer cessar atos atentatórios à pessoa em sua esfera privada.

No mesmo sentido, o direito à privacidade se apresenta como instrumento hábil de proteção da pessoa contra as diversas violações realizadas pelas empresas que comercializam os bancos de dados de seus clientes a terceiros, o que pode gerar um dano indenizável (Farias; Rosenvald, 2011).

O nome é considerado uma identificação social de um indivíduo, capaz inclusive de torná-lo único. Sabemos que a escolha do nome é livre, todavia a Lei de Registros Públicos – Lei n. 6.015, de 31 de dezembro de 1973 (Brasil, 1973b) –, em seu art. 55, dispõe que a escolha do nome não deve expor seu titular ao ridículo. Melhor dizendo, o nome é o verdadeiro atributo da personalidade que se traduz na pronta identificação no meio social em que o indivíduo está inserido.

Nesse contexto, o nome compreende prenome e sobrenome, o último conhecido como *patronímico* ou *apelido de família*. É possível que o nome contenha um agnome para evitar a existência de homônimos na mesma família, a exemplo dos nomes Júnior, Filho e Neto, entre outros.

O pilar da integridade intelectual, por sua vez, refere-se às criações do ser humano tuteladas pelos direitos autorais e à propriedade intelectual, que asseguram o reconhecimento de sua obra, garantindo um benefício comercial, como se dá com criações artísticas, livros, músicas e obras de arte, entre outros (Gagliano; Pamplona Filho, 2018).

Nesse caso, busca-se a proteção do elemento criativo que advém da inteligência humana, na aplicação industrial, nos direitos autorais e na liberdade de pensamento. Ou seja, a proteção se estende à pessoa do criador (o autor), ao considerar que a relação jurídica autoral é essencialmente privada e baseada na própria personalidade humana.

Por fim, a propriedade intelectual está voltada a uma invenção ou a uma criação de produto ou de marca. Desse modo, a tutela jurídica desse direito da personalidade regula o interesse de *designers*, empresários e inventores, por exemplo.

— 2.5 —

Lei de Introdução às Normas do Direito Brasileiro (LINDB)

A Lei de Introdução às Normas do Direito Brasileiro (LINDB), instituída pelo Decreto-Lei n. 4.657, de 4 de setembro de 1942 (Brasil, 1942), é considerada uma metanorma, pois tem a finalidade de regulamentar outras normas (*lex legum*). Isso significa que a

LINDB é compreendida como norma de apoio que versa sobre o ordenamento jurídico brasileiro.

Entretanto, nem sempre foi assim. Essa lei foi durante anos reconhecida como *Lei de Introdução ao Código Civil*, em que pese suas normas fossem de aplicabilidade geral. Por tal motivo, seu estudo foi incorporado à parte geral do direito civil.

Um fato é que a Lei n. 12.376, de 30 de dezembro de 2010 (Brasil, 2010), reforça que a LINDB é lei autônoma aplicável a qualquer ramo do direito (público ou privado). Diferentemente das demais normas, que versam sobre fazer ou não fazer, a LINDB dedica-se tão somente às normas e a sua aplicação. A Lei n. 13.655, de 25 de abril de 2018 (Brasil, 2018), acrescentou à Lei n. 12.376/2010 mais dez artigos relacionados à segurança jurídica na aplicação do direito público. Assim, a LINDB passou a contar com 30 artigos, assim divididos:

- vigência: arts. 1º e 2º;
- obrigatoriedade da lei: art. 3º;
- integração normativa: art. 4º;
- interpretação das normas: art. 5º;
- aplicação das normas no tempo: art. 6º;
- aplicação da lei no espaço: arts. 7º a 19;
- interpretação pelos agentes públicos: arts. 20 a 30.

O art. 1º da referida lei define que sua vigência no território pátrio deve se iniciar em 45 dias após sua publicação, salvo disposição em contrário. O lapso temporal entre a publicação e a vigência da lei é denominado *vacatio legis*, e a contagem do prazo tem início na data da publicação, entrando em vigor no dia seguinte ao término desse prazo.

Uma lei pode trazer regra diversa à expressa na LINDB quanto ao período para entrar em vigor, impondo prazo menor do que 45 dias, como dispõe o art. 8º da Lei Complementar n. 95, de 26 de fevereiro de 1998 (Brasil, 1998).

A lei brasileira, ao ser recepcionada no exterior, tem prazo de *vacatio legis* de três meses após a efetiva publicação. Com certeza, a concessão de maior prazo se dá em razão da aplicação excepcional de lei pátria em território diverso ao nacional, garantindo maior tempo para estudo e adequação aos novos ditames legais.

Se, antes de a lei entrar em vigor, ocorrer nova publicação de seu texto destinada à correção, o prazo começará a correr da nova publicação. Se a lei estiver em vigor, qualquer alteração deve ser feita por meio de nova lei, salvo se a modificação for necessária para a correção de erros materiais (Gagliano; Pamplona Filho, 2018).

Concernente à vigência, nos termos do art. 2º da LINDB, uma lei terá vigor até que outra lei a modifique ou a revogue, exceto se for temporária, como a Lei Orçamentária Anual (LOA).

De outro forma, a revogação é a supressão da força obrigatória da lei, retirando sua eficácia mediante o advento de outra lei, e pode ser classificada da seguinte forma:

- **Ab-rogação** – Revogação total da lei com o surgimento de outra, a exemplo do Código Civil de 2002, que ab-rogou o Código Civil de 1916.

- **Derrogação** – Revogação parcial de uma lei, quando somente uma parte permanece em vigor, como podemos observar com o advento da Lei n. 13.146, de 6 de julho de 2015 (Brasil, 2015), o conhecido *Estatuto da Pessoa com Deficiência*, que promoveu alterações no Código Civil relacionadas à capacidade civil da pessoa com deficiência.
- **Revogação expressa** – Revogação identificada na expressão da nova lei, indicando os dispositivos da lei anterior que serão anulados.
- **Revogação tácita** – Revogação sem declaração expressa. Ocorre quando se identifica a incompatibilidade da lei atual com a lei antiga ou quando a nova lei regulamenta toda a matéria de que tratava a lei anterior.

Nos termos do art. 2º, parágrafo 3º, da LINDB, a lei revogada não se restaura por ter a lei revogadora perdido a vigência, salvo disposição em contrário. Nesse caso, destacamos o instituto da repristinação, o qual permite o restabelecimento das disposições de uma lei anteriormente revogada por sua última disposição ter perdido a vigência. Esse instituto, geralmente, não se aplica ao direito pátrio, por ser compreendido como uma restauração, ou seja, uma forma de se voltar a uma passada estrutura ou situação jurídica. Vejamos a lição de Tartuce (2015, p. 6, grifo do original):

> Contudo, excepcionalmente, a lei revogada volta a viger quando a lei revogadora for declarada inconstitucional ou quando for concedida a suspensão cautelar da eficácia da

norma impugnada – art. 11, §2º, da Lei 9.868/1999. Também voltará a viger quando, não sendo situação de inconstitucionalidade, o legislador assim determinar expressamente. Em suma, são possíveis as duas situações. A primeira delas é aquele em que o **efeito repristinatório decorre da declaração da inconstitucionalidade** da lei. A segunda é o efeito **repristinatório previsto pela própria norma jurídica**.

Ainda sobre a revogação da norma, destacamos o instituto da ultratividade, que é a possibilidade de produção de efeitos por uma lei já revogada. Assim, vislumbra-se a aplicabilidade de alguns institutos do Código Civil de 1916, que já se encontra revogado, como a sucessão aberta, mesmo que a ação de inventário tenha sido proposta após o advento do Código Civil de 2002 (Farias; Rosenvald, 2011).

Quanto à obrigatoriedade das normas, a LINDB dispõe, em seu art. 3º, que ninguém pode se escusar de cumprir a lei alegando que não a conhece. No Brasil, a obrigatoriedade das normas tem vigência sincrônica, ou seja, a lei entra em vigor em todo o território nacional. A presunção de conhecimento da lei comporta exceções (Figueiredo; Figueiredo, 2020).

Se não fosse o princípio da obrigatoriedade das leis, seria instaurada a insegurança social e o consequente perigo de desagregação social, porquanto a alegação do desconhecimento da lei constituiria uma justificativa constante para a inexistência de obrigação e a aplicação de sanção.

Caso a lei seja omissa, a decisão judicial encontra amparo nos arts. 4º e 5º da LINDB para subsumir o fato à norma da analogia, dos costumes e dos princípios gerais do direito. Assim, não pode o juiz se eximir de julgar as questões apresentadas afirmando que inexiste lei aplicável ao caso concreto.

No que tange à interpretação normativa, o art. 5º da LINDB demonstra a necessidade da ponderação judicial que vise aos fins sociais, a fim de viabilizar o bem-estar de todos os cidadãos. Ou seja, a interpretação normativa objetiva a identificação do sentido e o alcance que almeja a lei.

A aplicação da lei nem sempre é tarefa simples, pois, na prática, muitas normas têm redação deveras truncada ou confusa, o que exige do intérprete maior conhecimento hermenêutico. O art. 6º da LINDB determina a aplicação da lei no tempo e adota o princípio da irretroatividade normativa, visto que a lei em vigor tem efeito imediato e geral, respeitados o ato jurídico perfeito, o direito adquirido e a coisa julgada.

Compreende-se por ato jurídico perfeito a situação concluída enquanto vigorava determinada lei, ainda que possa gerar efeitos a serem percebidos apenas no futuro. Já direito adquirido é aquele incorporado ao patrimônio de uma pessoa, natural, jurídica ou até mesmo um ente despersonalizado. Por fim, coisa julgada é a decisão judicial que não admite mais discussão (Gagliano; Pamplona Filho, 2018).

Portanto, as disposições trazidas no art. 6º da LINDB reforçam o entendimento de que a lei nova não se aplica aos fatos passados, mas se aplica aos fatos pendentes e futuros, respeitando-se as exceções normativas expressas.

A LINDB, nos arts. 7º a 19, versa sobre as regras de direito internacional privado voltadas aos direitos da personalidade, às capacidade civil, às relações de direito de família e às sucessões.

Quanto à aplicação da lei no espaço, o art. 7º da LINDB afirma que a lei do país em que a pessoa é domiciliada define o início e o fim da personalidade, além do nome, da capacidade e dos direitos da família. Nesse caso, evidencia-se um estatuto pessoal que permeia o direito civil e o internacional, ressalvadas a soberania e, excepcionalmente, a norma estrangeira.

Concernente ao casamento de estrangeiros, a LINDB, em seus arts. 7º e 18, dispõe sobre o casamento consular realizado perante autoridades consulares ou diplomáticas dos países dos nubentes. Se o casamento de brasileiros for realizado no exterior, são competentes as autoridades consulares para registro e realização, as quais também devem atuar nos registros de nascimento e óbito de brasileiros residentes no estrangeiro (Tartuce, 2021).

De outro lado, o divórcio de brasileiros residentes no exterior será reconhecido um ano após a data da sentença, e o órgão competente para análise desse pedido é o Superior Tribunal de Justiça (STJ).

O art. 10º da LINDB versa sobre a sucessão do estrangeiro, com a aplicação da lei do domicílio do falecido, independentemente da natureza e da situação dos bens. Caso o estrangeiro venha a falecer e tenha deixado bens no Brasil, os procedimentos de inventário e de partilha observarão as normas brasileiras, mesmo que o falecido resida fora do território nacional, nos termos do art. 12, parágrafo 1°, da LINDB. Quanto à capacidade para suceder, aplica-se a lei do domicílio do herdeiro ou legatário.

Cabe destacar que haverá a aplicação da lei mais benéfica ao cônjuge ou aos filhos brasileiros ou àqueles que os representem, conforme o disposto no art. 10°, parágrafo 1°, da LINDB. Em tais situações o magistrado deve fazer a análise concreta do caso e verificar a norma mais benéfica, atentando-se à idoneidade probatória apresentada.

Quanto aos bens e suas relações, o art. 8° da LINDB dispõe que será aplicada a lei do país em que os bens estiverem situados. Se forem bens móveis transportados, as normas aplicadas serão a do domicílio do proprietário. Já, no art. 9°, a referida lei aborda as obrigações internacionais e indica que deve ser aplicada a lei do local em que estas foram constituídas.

O art. 11 da LINDB afirma que sociedades, fundações e organizações, desde que destinadas a fins de interesse coletivo, devem obedecer à lei do Estado em que se constituíram. Todavia, as filiais no Brasil estão sujeitas à aprovação de seus atos constitutivos pelo governo brasileiro, submetendo-se à lei brasileira.

Sobre as provas de fatos ocorridos no estrangeiro, o art. 13 determina que eles podem ser reconhecidas pelos tribunais pátrios. As provas devem obedecer às leis do país de origem quanto ao ônus e aos meios de produção. O art. 14 afirma que o magistrado pode exigir prova do texto e da vigência da lei estrangeira de quem pretender vê-la aplicada ao caso concreto, considerando que a globalização acarretou um aumento nas demandas apreciadas pelo Poder Judiciário brasileiro.

Quanto à homologação das sentenças estrangeiras e à concessão do exequátur, o art. 15, alínea d, da LINDB, atribui ao STJ tal competência – antes da Emenda Constitucional n. 45, de 30 de dezembro de 2004 (Brasil, 2004), era do Supremo Tribunal Federal (STF). Além disso, o art. 17 dispõe que, antes da homologação, cabe uma verificação constitucional a fim de observar que a decisão a ser homologada ou o ato estrangeiro não ofende a soberania nacional, a ordem pública e os costumes.

Como podemos verificar, a LINDB é uma metanorma, aplicável a todos os ramos do direito, público ou privado, de extrema importância para a soberania nacional, pois regula a vigência e a eficácia das leis, bem como o critério para a interpretação delas.

Como vimos, a Lei n. 13.655/2018 promoveu o acréscimo de dez artigos à LINDB (art. 20 a 30), direcionados especificamente ao direito público, para reduzir práticas que acarretem insegurança jurídica da atividade estatal.

A simples leitura dos arts. 20 e 21 demonstra a preocupação do legislador em reduzir a superficialidade das decisões proferidas pelos entes estatais. Para tanto, impõe-se a necessidade do exame das circunstâncias do caso concreto e das alternativas sob a ótica da proporcionalidade.

No mesmo sentido, o art. 22 trata da interpretação da norma sobre gestão pública e a decisão do gestor, que deve observar a situação fática do ocupante do cargo, os obstáculos e as dificultadas apontadas, bem como as exigências das políticas públicas de sua função (Tartuce, 2021).

O art. 23 visa proteger a relação jurídica já constituída entre o Poder Público e seus administrados, assegurando que toda e qualquer alteração respeite os ditames legais, o que possibilita ao cidadão comum a identificação de outros meios disponíveis para garantir a segurança jurídica.

As situações de revisão da validade do ato, nos âmbitos administrativo, controlador ou judicial, têm previsão no art. 24 da LINDB. Se a produção do ato já tiver se completado, devem ser consideradas as orientações gerais da época, contidas em atos públicos de caráter geral ou em jurisprudência judicial ou administrativa majoritária, e ainda as adotadas por prática administrativa reiterada e de amplo conhecimento público, abrangendo a lei.

O art. 26 da LINDB possibilita a celebração de acordo administrativo entre autoridade e interessados após oitiva do órgão jurídico competente – Advocacia-Geral da União (AGU), Procuradoria-Geral do Município (PGM), Procuradoria-Geral do Estado (PGE) – ou a obtenção de resposta em consulta pública, para que haja maior transparência. Nesse caso, há a possibilidade de celebração de Termo de Ajustamento de Conduta (TAC) para sanar irregularidades e promover soluções mais céleres e adequadas (Diniz, 2018).

Na sequência, o art. 27 da referida lei reconhece a possibilidade de acordo substitutivo em situações de relevante interesse geral. Assim, a autoridade pública pode impor ou exigir compensação por benefícios indevidos ou danos anormais ou injustos resultantes da conduta dos envolvidos ou do processo, sem a necessidade de análise anterior dos fatos que originaram os danos.

Nos termos do art. 28, o agente público, ao cometer erro grosseiro ou agir com dolo, deve responder pessoalmente por suas decisões e opiniões técnicas. Contudo, a imposição de responsabilidade ao agente público não exclui a responsabilidade objetiva do Estado (Tartuce, 2021).

Por derradeiro, o art. 30 da LINDB impõe às autoridades públicas uma atuação que vise aumentar a segurança jurídica na aplicação das normas, por intermédio de portarias, regulamentos, súmulas administrativas e respostas a consultas, que devem ter caráter vinculante em relação ao órgão ou à entidade a que se destinam, até revisão posterior, visto que uniformizam o entendimento dos órgãos administrativos (Diniz, 2018).

Para reflexão

Os direitos da personalidade alçaram o indivíduo ao centro do ordenamento, promovendo o diálogo com os direitos e as garantias fundamentais previstas na Constituição Federal e que se refletem no Código Civil. Desse modo, é inegável a proteção jurídica destinada à integridade física, psíquica e intelectual da pessoa física e, em certos pontos, da pessoa jurídica.

No que tange à integridade física, a autonomia do paciente denota o poder de autodeterminação, que define as formas de tratamento que deseja ou não receber em situação de terminalidade, com a supervisão de um profissional da medicina.

Na prática, destacamos a discussão promovida nos autos 1084405-21.2015.8.26.0110 (Dadalto, 2018), sobre o pedido de reconhecimento judicial da manifestação de vontade da paciente pelo desinteresse em receber tratamentos médicos considerados "fúteis", os quais serviriam tão somente para prorrogar a vida a qualquer preço. Tal pedido foi realizado por manifestação de vontade no prontuário médico, sob a orientação de profissionais. Entretanto, em primeiro grau, a magistrada indeferiu a inicial e extinguiu o pedido sem resolução de mérito. Pela autora, foi interposto recurso, o qual anulou a decisão, determinando o retorno dos autos para o regular andamento do feito, o qual, em síntese, pede o reconhecimento judicial da ortotanásia.

A diretiva antecipada de vontade é tida como ato pessoal, unilateral e não solene e reflete o exercício da autonomia privada. Essa declaração reflete a prévia de vontade realizada pelo paciente a respeito de quais tratamentos deseja receber ou não, em atenção ao princípio da dignidade da pessoa humana.

Outrossim, o documento em debate pode nomear um procurador, que representará o paciente em caso de impossibilidade de manifestação de vontade da pessoa em estado terminal.

Surge, assim, a necessidade de reflexão sobre as diretivas antecipadas de vontade e o testamento vital, relacionados à Resolução n. 1.995, de 31 de agosto de 2012, do Conselho Federal de Medicina (CFM), o que lhe confere a possibilidade de dispor sobre o tratamento desejado e possível para lhe conceder uma morte digna. E, afinal, como sopesar os valores (princípios) que estão em discussão?

Capítulo 3

Pessoa natural

Anteriormente, vimos que o direito civil é o ramo do direito que disciplina todas as relações jurídicas das pessoas, como as familiares e as obrigacionais. Assim, é necessário compreender quem são os sujeitos de tais relações, seus direitos e suas obrigações. Sobre o conceito de *pessoas*, aduzem Farias e Rosenvald (2011, p. 175, grifo nosso):

> Na ordem dessas ideias, destarte, chega-se à conclusão de que **pessoa** é o ente capaz de exercer direitos e submeter-se a deveres, na órbita da ciência do direito. Ou seja, é aquele que poderá se apresentar no polo ativo ou passivo de uma relação jurídica. Não se pode ignorar, contudo, que ser pessoa não pode significar, tão somente, a possibilidade de titularizar relações jurídicas.

Assim, *pessoa* é o sujeito das relações jurídicas que tem um mínimo de proteção fundamental necessária para a realização de suas atividades, as quais devem ser compatíveis e adequadas a suas características. Isso significa que, sob o prisma jurídico, considera-se *pessoa natural* todo ser humano que figura como sujeito nas relações jurídicas, detentor de direitos e obrigações tutelados como sujeito de direito, nos termos dos arts. 1º ao 39 do Código Civil de 2002 – Lei n. 10.406, de 10 de janeiro de 2002 (Brasil, 2002).

— 3.1 —
Capacidade

O art. 1º do Código Civil enuncia que toda pessoa é capaz de ter direitos e deveres na ordem civil, ou seja, a referida norma versa sobre a capacidade de direito ou sobre a capacidade genérica de todas as pessoas, sem distinção. Portanto, a capacidade civil é considerada elemento necessário para ser sujeito de direitos e obrigações na esfera privada, mesmo que estejam ausentes elementos formais, como a certidão de nascimento (Figueiredo; Figueiredo, 2020).

Em sentido complementar, destacamos a capacidade de fato, como o poder de discernimento e a autodeterminação do indivíduo, os quais garantem uma compreensão das consequências de seus atos (Gagliano; Pamplona Filho, 2018). Algumas pessoas não detêm capacidade de fato, por isso precisam de uma representação, por exemplo, o menor de 16 anos de idade, que tem capacidade de direito, mas não de fato, o que lhe impõe a necessidade de um representante para o exercício de seus direitos.

É importante aclarar que, mesmo que não tenha capacidade de fato, uma pessoa é titular de direitos. Um exemplo é uma criança de seis anos proprietária de um imóvel, e essa capacidade de direito é reconhecida. Contudo, essa criança não tem capacidade de fato, pois não pode discernir sobre a prática dos atos da vida civil, cabendo, nesse caso, a representação de seus interesses.

Portanto, a capacidade plena se revela com a identificação dos dois pilares apresentados, quais sejam: capacidade de direito e capacidade de fato. Ou seja, todas as pessoas têm capacidade de direito, entretanto nem todas têm capacidade de fato ou de exercício.

A diferenciação entre a capacidade de fato e a capacidade de direito somente se justifica se for observada no exercício das situações jurídicas patrimoniais. De outro forma, tal distinção não se aplica às relações jurídicas existentes, como os direitos patrimoniais, pois não há dúvida de que qualquer pessoa pode exercê-los e reclamá-los.

Já a personalidade se revela como a aptidão para adquirir direitos e contrair obrigações ou deveres. Para Farias e Rosenvald (2011, p. 178), "A personalidade jurídica, assim, é o conceito básico, elementar, do Direito Civil, estendendo-se a todas as pessoas, devendo ser vislumbrada na textura constitucional, servindo como valor máximo da ordem jurídica".

Nos termos do art. 2º do Código Civil, a pessoa natural adquire personalidade no nascimento com vida, mas o ordenamento pátrio tutela os interesses do nascituro desde sua concepção.

— 3.2 —
Nascituro

Em simples definição, *nascituro* é aquele que foi concebido, mas ainda não nasceu. Para Tartuce (2021), ao se observar o critério de proteção do nascituro, parece certo também abranger a figura do embrião que ainda não foi introduzido no ventre materno (em pré-implantação *in vitro* ou criopreservado).

No entanto, essa definição é objeto de constante debate doutrinário, em especial acerca da existência ou não da personalidade civil, o que é defendido pelas seguintes teorias:

- **Teoria natalista** – Prevê que o nascituro não pode ser considerado pessoa, pois a atribuição da personalidade civil ocorre com o nascimento com vida, em atenção ao art. 2º do Código Civil. Portanto, o nascituro tem tão somente expectativas de direito, visto que não é pessoa. Essa teoria é defendida pela doutrina contemporânea por Venosa e Schreiber (Tartuce, 2021).
- **Teoria da personalidade condicional** – Presume que a personalidade civil inicia-se com o nascimento com vida. Ao nascituro, são reservados direitos sob condição suspensiva, que é justamente o nascimento com vida. Esse posicionamento na doutrina atual é defendido por Rizzardo. Ou seja, tal concepção assemelha-se à teoria natalista, que impõe ao nascituro somente expectativas de direitos (Tartuce, 2021).
- **Teoria concepcionista** – Defende o nascituro como pessoa humana, com direitos resguardados pela lei. No ordenamento pátrio, prevalece essa teoria, que garante ao nascituro direitos desde sua concepção, como demonstra o Enunciado n. 1 (Brasil, 2021a), da Primeira Jornada de Direito Civil do Conselho Federal de Justiça (CFJ), que estende ao natimorto os direitos da personalidade, como nome, imagem e sepultura.

Essa teoria é a que prevalece entre os civilistas atuais, como Simão, Tartuce, Gagliano, Chaves e Rosenvald, entre outros (Tartuce, 2021).

Consolidado o debate doutrinário sobre personalidade civil e a prevalência da teoria concepcionista, faz-se necessário compreender a situação jurídica do embrião no ordenamento pátrio, considerando-se os diversos procedimentos de fertilização existentes, os quais ainda não foram regulamentados pelo Código Civil (Figueiredo; Figueiredo, 2020).

Em uma visão simples, os métodos de fertilização artificial compreendem:

- **Fertilização *in vitro*** – Ocorre por meio de procedimento laboratorial, com posterior implantação do embrião no corpo feminino.
- **Inseminação artificial** – Ocorre mediante inserção do gameta masculino no corpo da mulher por meio artificial de criação. Nesse sentido, destacamos a lição de Gama (2003, p. 626-627):

> Numa alusão bastante simplista, os novos modelos de paternidade, maternidade e filiação resultantes do emprego de técnicas de reprodução humana podem ser divididos em dois grupos mais importantes: a reprodução homóloga e a reprodução heteróloga. [...] Tais modelos se consubstanciam realidades palpáveis, diante dos avanços científicos e das descobertas das técnicas de reprodução humana assistida, cujo pilares que devem – ou podem – fundamentar novos vínculos de parentalidade-filiação, além dos fatos jurígenos e dos critérios envoltos nas novas relações jurídicas.

Os métodos de fertilização homólogos utilizam o material genético do próprio casal. Já os heterólogos empregam material genético de terceiros. Além dessas possibilidades, a reprodução humana pode ocorrer *post mortem*; para isso, é necessária a manifestação expressa de vontade do *de cujus*, como recentemente decidiu a quarta turma do Superior Tribunal de Justiça (STJ) (Brasil, 2021f).

Por fim, destacamos a Lei de Biossegurança – Lei n. 11.105, de 24 de março de 2005 (Brasil, 2005) – a qual proíbe, em regra, a engenharia genética em embrião (Figueiredo; Figueiredo, 2020). Entretanto, o art. 5º da referida lei autoriza a utilização das células-tronco embrionárias para fins científicos e terapêuticos, mediante autorização expressa dos genitores. Nesse caso, podemos observar uma ponderação entre os princípios constitucionais, os interesses coletivos e a promoção do desenvolvimento da ciência sobre os interesses individuais e, acima de tudo, religiosos (Tartuce, 2021).

— 3.3 —
Teoria das incapacidades

A incapacidade é a inexistência dos requisitos determinados em lei para que a pessoa exerça de modo pleno seus direitos. Desse modo, aquele que não detém capacidade de fato tem o exercício limitado e supervisionado de certos direitos na esfera civil.

Entrementes, faz-se necessário diferenciar *incapacidade* de *vulnerabilidade*, pois esta última se restringe ao estado de risco que impõe a determinada pessoa uma maior condição de fragilidade, o que desequilibra a relação jurídica, como as relações de consumo. Todavia, não há, para o vulnerável, qualquer restrição de suas ações.

Assim, a capacidade deve ser vista como regra, e a incapacidade, como exceção, conforme os casos taxativos em lei:

- **Incapacidade absoluta** – Nos termos do art. 3º do Código Civil, são absolutamente incapazes os menores de 16 anos de idade, pois não têm total discernimento de seus atos, o que motiva a nomeação de um representante para o exercício de seus direitos. Os atos praticados por absolutamente incapazes, sem a devida representação, são reputados nulos, nos termos do art. 166 do Código Civil.
- **Incapacidade relativa** – Com o advento da Lei n. 13.146, de 6 de julho de 2015 (Brasil, 2015b), conhecida como *Estatuto da Pessoa com Deficiência*, houve alteração significativa na redação do art. 4º do Código Civil, que incluiu os maiores de 16 anos e menores de 18 anos de idade, os pródigos, os ébrios habituais, os viciados em tóxico e aqueles que, por causa transitória ou permanente, não podem exprimir sua vontade. Cabe esclarecer que os atos praticados por relativamente incapazes são anuláveis, nos termos do art. 171 do Código Civil.

Portanto, o único caso de incapacidade absoluta para o direito civil são os menores de 16 anos. É importante ressaltar que as alterações legislativas promovidas pela Lei n. 13.146/2015 excluíram o termo *deficiência* dos arts. 3º e 4º do Código Civil (Tartuce, 2021).

Um olhar atento aos artigos mencionados revela a intenção do legislador em entender como regra geral a capacidade plena das pessoas com deficiência, o que é determinado no art. 6º da referida lei por meio de um rol exemplificativo de direitos do deficiente sobre o próprio corpo, sobre sua sexualidade, sobre a formação de família pelo matrimônio ou pela constituição de união estável, sobre a reprodução e a fertilidade, sobre o planejamento familiar, sobre a convivência familiar e comunitária e sobre o exercício do direito à guarda, à tutela, à curatela e à adoção, entre outros.

De forma complementar, o legislador estabeleceu, no art. 84 do Estatuto da Pessoa com Deficiência, uma norma amplamente inclusiva, a qual assegura ao deficiente o direito ao exercício de sua capacidade legal em igualdade de condições com as demais pessoas. Desse modo, não se atribui mais a incapacidade jurídica em razão da deficiência tão somente. Cabe, nesse caso, a avaliação individualizada sobre quais atos da vida civil não podem ser praticados pelo deficiente por causa de seus limites e a necessidade de supervisão (Gagliano; Pamplona Filho, 2018).

O Estatuto da Pessoa com Deficiência ainda dispõe sobre medidas protetivas. A primeira delas é a tomada de decisão apoiada, reconhecida como procedimento no qual a pessoa com deficiência elege pelo menos duas pessoas idôneas com as quais tenha vínculo e que gozem de sua confiança para prestar-lhe apoio nas tomadas de decisão sobre atos da vida civil, garantindo-lhe as informações necessárias para que possa exercer sua capacidade.

Em sentido complementar, há o instituto da curatela como medida protetiva extraordinária, proporcional às necessidades e às circunstâncias de cada caso e que deve durar o menor tempo possível, nos termos do art. 84, parágrafo 3º, do referido estatuto e nos termos dos arts. 747 a 763 do Código de Processo Civil – Lei n. 13.105, de 16 de março de 2015 (Brasil, 2015a). Os limites da curatela estão atrelados aos direitos de natureza patrimonial e negocial, nos termos do art. 85, parágrafo 1º, do estatuto. Sobre a importância do Estatuto da Pessoa com Deficiência, explicam Cohen e Multedo (2017, p. 238):

> É em meio a essa realidade concreta que a promulgação do Estatuto da Pessoa com Deficiência chega a um saldo positivo; traz mais méritos que deficiências [...]. O Estatuto possibilita medidas efetivas e apropriadas a serem aplicadas ao caso concreto, permitindo ao julgador, com o auxílio de equipe multidisciplinar, alcançar o maior objetivo do novel diploma legal: a garantia do direito à igualdade e a não discriminação da pessoa com deficiência.

Além disso, se a incapacidade for atrelada à idade da pessoa natural, o ordenamento pátrio reconhece a emancipação como forma de aquisição da capacidade civil antes da idade determinada pela lei. A emancipação pode ser obtida das seguintes formas:

- **Emancipação voluntária parental** – Feita por instrumento público, mediante concessão dos pais ou de um deles na falta do outro e independente de homologação judicial. Em tais casos, o adolescente deve ter, no mínimo, 16 anos. Se, por acaso, houver conflito entre os genitores quanto à emancipação, cabe ao magistrado a decisão que colocará fim à controvérsia, nos termos do art. 1.631, parágrafo único, do Código Civil.
- **Emancipação judicial** – Requerida pelo tutor do adolescente, que deve ter ao menos 16 anos completos. Dá-se por decisão judicial. Nesse caso, revela-se a importância da análise do caso concreto pelo magistrado para impedir que o tutor busque na emancipação uma forma de não cumprir com suas obrigações.
- **Emancipação pelo casamento** – O matrimônio acarreta a emancipação. Segundo o Código Civil, a idade mínima para se casar é 16 anos, e é necessária autorização judicial para aqueles que tiverem entre 16 e 18 anos. Se houver divergência entre os genitores quanto à autorização do casamento, cabe intervenção judicial. Menores de 16 anos não podem se casar, em atenção ao disposto no art. 1.520 do Código Civil,

alterado pela Lei n. 13.811, de 12 de março de 2019 (Brasil, 2019a). Divórcio, viuvez e anulação do casamento não importarão retorno à incapacidade (Tartuce, 2021).

- **Emancipação legal visando à própria subsistência** – É necessário ter ao menos 16 anos e demonstrar a existência de relação de emprego e recebimento de salário. Assim, sobrevindo a emancipação, é dispensável presença dos pais ou responsáveis na homologação da rescisão contratual, em atenção ao disposto no art. 439 da Consolidação das Leis do Trabalho (CLT) – Decreto-Lei n. 5.452, de 1º de maio de 1943 (Brasil, 1943).

Além das previsões do Código Civil, faz-se necessário esclarecer a capacidade civil dos indígenas. O art. 4º, parágrafo único, do Código Civil remete à aplicação de legislação específica, a saber: a Lei n. 5.371, de 5 de dezembro de 1967 (Brasil, 1967), e Lei n. 6.001, de 19 de dezembro de 1973 (Brasil, 1973a) – Estatuto do Índio.

Na forma da lei específica, os índios que não têm hábitos urbanos são absolutamente incapazes (silvícolas), e seus atos devem ser assistidos pela Fundação Nacional do Índio (Funai), sob pena de nulidade. Já os índios integrados socialmente, em regra, são considerados plenamente capazes (Figueiredo; Figueiredo, 2020).

— 3.4 —
Estado e domicílio da pessoa natural

O estado da pessoa natural traduz sua situação jurídica em seus contextos político, familiar e individual. Ou seja, é a posição jurídica da pessoa em seu meio social e reflete seu modo particular de existir. Revela-se como atributo da personalidade e é composto pelo nome civil, pela capacidade e pelo domicílio.

São reconhecidos, no ordenamento pátrio, as seguintes modalidades de estado da pessoa natural:

- **Político** – Determina se o indivíduo é sujeito nacional (brasileiro nato ou naturalizado) ou estrangeiro, como o rol previsto no art. 12 da Constituição Federal, que enumera aqueles indivíduos que são considerados brasileiros.
- **Profissional** – Revela a atividade econômica da pessoa natural. Incluem-se, nessa categoria, empregados, servidores públicos, empregadores, trabalhadores autônomos e empresários, entre outros.
- **Individual** – Abrange as particularidades da pessoa, por exemplo, sexo, gênero, idade e capacidade.
- **Familiar** – Mais comumente denominada como *estado civil*, pois leva em conta a situação da pessoa natural em seu eixo familiar. Pode ser: solteiro, casado, viúvo, separado judicialmente e divorciado.

Em que pese todo o avanço legislativo no âmbito familista, não há tratamento específico ao estado civil familiar de companheiro ou convivente, o que por vezes acarreta um tratamento diferenciado no meio social.

No mais, as questões de estado da pessoa natural têm íntima relação com os direitos da personalidade, portanto são indisponíveis, indivisíveis e imprescritíveis. É inegável a importância atribuída pelo Código Civil aos direitos da personalidade, revelando a preocupação com as integridades física, psíquica e intelectual dos indivíduos.

As relações sociais passam por diversas transformações, que trazem ao direito a preocupação com a fixação de um local em que as pessoas possam ser encontradas. Assim, o regramento jurídico acerca do *domicílio* busca prioritariamente a preservação da vida privada da pessoa, e é desejo natural do homem a estabilidade material que lhe garanta o resguardo moral (Farias; Rosenvald, 2011). O domicílio da pessoa natural é o local onde ela estabelece sua residência com ânimo definitivo e tem seu regramento anotado nos arts. 70 a 78 do Código Civil.

Em sentido amplo, a fixação do domicílio está atrelada à vida privada, pois se refere ao local em que o indivíduo mantém suas relações familiares, sociais ou empresariais.

Por sua vez, o conceito de *residência* pressupõe o local em que o indivíduo exerce moradia habitual. Entretanto, não é qualquer residência que configura o domicílio, considerando-se sempre a intenção de definitividade. Há ainda o conceito de morada, que é o lugar em que a pessoa natural se estabelece provisoriamente.

Sem dúvida, a conceituação de *domicílio* é de extrema importância para o direito em geral, como podemos comprovar no art. 7º da Lei de Introdução às Normas do Direito Brasileiro (LINDB) – Decreto-Lei n. 4.657, de 4 de setembro de 1942 (Brasil, 1942) – a qual dispõe que a lei do local em que a pessoa for domiciliada determina as regras sobre o começo e o fim de personalidade, nome, capacidade e direitos de família. Além disso, o domicílio indica onde devem ser cumpridas as obrigações, onde deve ser feita a decretação da ausência e qual é o local da abertura da sucessão (Tartuce, 2021).

Para o direito processual civil, é o domicílio que determina os critérios para fixação de competência nas ações fundadas em direito pessoal e em direitos reais sobre bens móveis, que, em regra, são ajuizadas no domicílio do réu, nos termos do art. 46 do Código de Processo Civil.

Na seara consumerista, as ações que versam sobre responsabilidade civil do fornecedor de produtos e serviços podem ser propostas no domicílio do autor, nos termos do art. 10º do Código de Defesa do Consumidor (CDC) – Lei n. 8.078, de 11 de setembro de 1990 (Brasil, 1990b). Conforme Figueiredo e Figueiredo (2020), nos juizados especiais cíveis, cabe ao autor escolher o domicílio ou o local do ato ou do fato, bem como o local em que a obrigação deve ser satisfeita ou aquele em que o réu exerce suas atividades econômicas ou profissionais, como dispõe o art. 4º da Lei n. 9.099, de 26 de setembro de 1995 (Brasil, 1995b).

Mas, então, toda pessoa tem domicílio? Sim, nos termos do art. 73 do Código Civil, na ausência de residência fixa, é determinado como domicílio o local em que a pessoa se encontra. Gagliano e Pamplona Filho (2018, p. 325) explicam: "ter-se á por domicílio da pessoa natural, que não tenha sua residência habitual, o lugar onde for encontrada. Neste local, pois por criar uma aparência de domicílio, poderá ser demandada judicialmente (é o caso dos andarilhos, ciganos, profissionais de circo)".

Vale destacar que o direito pátrio admite a pluralidade de domicílios da pessoa natural, revelando-se uma situação na qual há diversas residências em que se vive alternadamente. Em tais casos, será considerado domicílio qualquer uma delas, nos termos do art. 71 do diploma civil.

Sobre a pluralidade dos domicílios, faz-se necessário conceituar suas espécies:

- **Domicílio voluntário** – Decorre da livre manifestação da pessoa natural; é o mais comum.
- **Domicílio necessário e legal** – Em atenção ao disposto no art. 76 do Código Civil, revela a condição da pessoa natural de acordo com sua dependência da profissão ou outras circunstâncias previstas em lei.
- **Domicílio de eleição** – Eleito em contrato pelas partes, nos termos do art. 78 do Código Civil.

Qualquer pessoa pode mudar seu domicílio, desde que faça a alteração de sua residência com a manifesta intenção de se mudar. E, assim, não basta tão somente mudar de residência, considerando-se que a prova da intenção está contida na declaração às municipalidades e nas demais circunstâncias comuns à mudança (Schreiber, 2018).

— 3.5 —
Extinção da pessoa natural

Na legislação pátria, a pessoa natural pode ser: real; presumida ou ficta com procedimento de ausência; presumida ou ficta sem procedimento de ausência. Nos termos do art. 6º do Código Civil, sua existência finda com a morte.

A morte real se revela com a cessação das atividades vitais, as quais indicam o falecimento do indivíduo. Cabe esclarecer que o critério da morte real foi modificado, passando a ser a morte encefálica, e não mais a parada cardíaca, em atenção ao disposto na Lei de Transplante de Órgãos – Lei n. 9.434, de 4 de fevereiro de 1997 (Brasil, 1997). Portanto, a personalidade da pessoa natural se inicia com o nascimento com vida e se finda com a paralisação das ondas cerebrais (Figueiredo; Figueiredo, 2020).

A aferição da morte deve ser realizada por profissional da medicina, no período de 24 horas após o óbito e, em sua ausência, por duas testemunhas, em atenção ao contido na Lei de Registros Públicos – Lei n. 6.015, de 31 de dezembro de 1973 (Brasil, 1973b). No referido diploma, em seu art. 79, tem-se o rol de pessoas autorizadas a declarar o óbito, entre as quais se encontram o chefe de família, a viúva, o filho, o parente mais próximo e o policial militar.

A morte presumida se aplica às situações em que se torna impossível localizar o cadáver, como disposto no art. 7º do Código Civil. Ou seja, em razão da inexistência do corpo, cabe ao magistrado atestar o óbito, por sentença declaratória, incorrendo em duas hipóteses jurídicas:

1. **Morte presumida sem declaração de ausência** – Admitida, na forma do art. 7º do Código Civil, nas seguintes situações:
   - maior probabilidade de morte de quem se encontrava em perigo de vida;
   - desaparecimento em tempos de campanha ou prisioneiro que não foi encontrado até dois anos depois do fim da guerra.

   Em ambos os casos, somente após esgotadas as buscas e as averiguações será requerido ao magistrado a declaração de morte sem procedimento de ausência. Trata-se de expediente de jurisdição voluntária que prescinde de intervenção do Ministério Público. Na sentença, devem constar data provável do óbito, horário, local e causa (Tartuce, 2021). Normalmente, esse procedimento é empregado nos casos de acidentes trágicos, em que geralmente não se encontram os corpos ou se torna impossível a identificação deles, como a recente catástrofe ocorrida em Brumadinho, Minas Gerais (MG).

2. **Morte presumida com declaração de ausência** – Ocorre quando o indivíduo deixa seu domicílio e não dá qualquer notícia por determinado período.

Em tais situações, o magistrado presidirá um procedimento mais detalhado, composto por três etapas sucessivas: (1) curadoria de bens ou arrecadação de bens do ausente; (2) sucessão provisória; e (3) sucessão definitiva com a declaração de ausência.

Desse modo, o referido procedimento se inicia com o requerimento de ausência direcionado ao juízo competente, o qual deve declarar a ausência e nomear um curador, observada a ordem preferencial contida no art. 25 do diploma civil. Em outras palavras, o juiz nomeará um curador para arrecadar e administrar os bens do ausente com a intenção de protegê-los.

Em ato contínuo, o magistrado, em atenção ao art. 745 do Código de Processo Civil, determina a expedição de ofícios convocando o ausente a aparecer. A primeira etapa, em regra, tem a duração de um ano.

Com o término do prazo de curadoria de bens, os herdeiros poderão requerer a conversão da curadoria em sucessão provisória. Inexistindo interesse dos herdeiros, faculta-se tal possibilidade ao Ministério Público, pois se trata de questão de ordem pública. Deferido o pedido dos herdeiros ou legitimados, o início da segunda fase se dá 180 dias depois.

Na segunda etapa, os herdeiros que desejam imitir-se na posse dos bens do ausente devem prestar garantias suficientes para que, caso haja o retorno do ausente, seja possível a restituição dos valores. Portanto, na sucessão provisória, os bens passam aos herdeiros, mas não de forma permanente (Gagliano; Pamplona Filho, 2018).

A última etapa promove a transmissão dos bens de forma definitiva, bem como o levantamento das garantias ofertadas. É nesse momento que se faz a declaração da morte, o que promove a consolidação do bem do ausente ao patrimônio do herdeiro.

A presunção de morte com declaração de ausência é, em regra, um procedimento mais longo e de várias fases, pois, nesse caso, diferentemente do que determina o art. 7º do Código Civil, não há fundamentação inconteste de que o ausente tenha falecido, o que motiva a busca contínua e torna o procedimento mais lento.

E se, por acaso, o ausente retornar? Ele receberá a integralidade de seus bens? Pois bem, caso o ausente retorne no período de curadoria, ele poderá reassumir toda a sua titularidade patrimonial. Entretanto, se o procedimento se encontrar na fase de sucessão provisória, o ausente poderá reaver o patrimônio no estado em que deixou. Havendo depreciação acima da média, é assegurado o levantamento dos valores dados em garantia pelos herdeiros. Se forem verificados melhoramentos realizados pelo possuidor de boa-fé, a este assiste o recebimento da caução (Figueiredo; Figueiredo, 2020). Todavia, se a sucessão for definitiva, o ausente terá direito aos bens no estado em que se encontram. Caso o ausente retorne dez anos após a terceira fase, não lhe assistirá direito algum.

Quanto à extinção da pessoa natural, é necessário compreendermos também o instituto da **comoriência**, o qual se aplica caso dois ou mais indivíduos faleçam na mesma situação e não se possa auferir quem primeiramente foi levado a óbito. Nesse caso, presume-se que os dois faleceram simultaneamente, conforme disposto no art. 8º do Código Civil.

Além disso, é importante mencionar que a presunção da morte simultânea é relativa, admitindo-se prova em contrário. São inegáveis as consequências de sua ocorrência na ordem da vocação hereditária e da partilha dos bens. O Código Civil pátrio não estabeleceu qualquer critério sobre a ordem temporal ou preferencial dos óbitos e, inexistindo precisão técnica sobre o tempo da morte, não há de se falar em morte primeiramente dos mais velhos ou de crianças (Figueiredo; Figueiredo, 2020).

Com certeza, a comoriência é tema polêmico se levarmos em conta os efeitos sucessórios que o evento morte acarreta. Afinal, tal instituto se aplica, em regra, na declaração da morte ocorrida no mesmo acidente com várias pessoas, a exemplo da tragédia do voo da Chapecoense, em 2016.

Entretanto, há possibilidade de declaração de comoriência em situações nas quais a morte adveio de acidentes diversos? Segundo Diniz (2014), isso seria possível se a perícia determinasse que os acidentes e os consequentes óbitos se deram em horários muito próximos, considerando que a interpretação do art. 8º do Código Civil não exige que o evento tenha acontecido no mesmo local, e sim ao mesmo tempo.

Na esfera civil, a morte acarreta vários efeitos, entre os quais destacam-se abertura da sucessão, a dissolução da sociedade conjugal, a cessação do dever de prestar alimentos e a extinção de usufruto instituído em favor do falecido. Já na esfera processual civil, a morte gera a suspensão automática do processo, a qual será retroativa à data do falecimento no que concerne aos prazos, nos termos dos arts. 213 e 313 do Código de Processo Civil.

Para reflexão

O Código Civil de 2002 estabelece as formas de extinção da pessoa natural. Entretanto, não podemos negar o avanço da ciência e a influência das novas tecnologias na realidade diária, a exemplo da criogenia ou da criopreservação, técnica de congelamento do corpo humano morto para a reanimação futura se houver descoberta científica que demonstre a possibilidade de ressuscitação da pessoa.

Isso ainda parece muito distante, mas não é. Em 2017, o STJ debateu acerca da destinação do corpo do pai das litigantes ante a controvérsia das filhas: uma delas defendia o desejo do pai de submeter-se ao procedimento de criogenia nos Estados Unidos; as outras desejavam promover o sepultamento na forma tradicional. Vejamos a ementa do julgado:

> RECURSO ESPECIAL. AÇÃO ORDINÁRIA. 1. DISCUSSÃO TRAVADA ENTRE IRMÃS PATERNAS ACERCA DA DESTINAÇÃO DO CORPO DO GENITOR. ENQUANTO A RECORRENTE AFIRMA QUE O DESEJO DE SEU PAI, MANIFESTADO EM VIDA, ERA O DE SER CRIOPRESERVADO, AS RECORRIDAS SUSTENTAM QUE ELE DEVE SER SEPULTADO NA FORMA TRADICIONAL (ENTERRO). 2. CRIOGENIA. TÉCNICA DE CONGELAMENTO

DO CORPO HUMANO MORTO, COM O INTUITO DE REANIMAÇÃO FUTURA. 3. AUSÊNCIA DE PREVISÃO LEGAL SOBRE O PROCEDIMENTO DA CRIOGENIA. LACUNA NORMATIVA. NECESSIDADE DE INTEGRAÇÃO DA NORMA POR MEIO DA ANALOGIA (LINDB ART. 4º). ORDENAMENTO JURÍDICO PÁTRIO QUE, ALÉM DE PROTEGER AS DISPOSIÇÕES DE ÚLTIMA VONTADE DO INDIVÍDUO, COMO DECORRÊNCIA DO DIREITO AO CADÁVER, CONTEMPLA DIVERSAS NORMAS LEGAIS QUE TRATAM DE FORMAS DISTINTAS DE DESTINAÇÃO DO CORPO HUMANO EM RELAÇÃO À TRADICIONAL REGRA DO SEPULTAMENTO. NORMAS CORRELATAS QUE NÃO EXIGEM FORMA ESPECÍFICA PARA VIABILIZAR A DESTINAÇÃO DO CORPO HUMANO APÓS A MORTE, BASTANDO A ANTERIOR MANIFESTAÇÃO DE VONTADE DO INDIVÍDUO. POSSIBILIDADE DE COMPROVAÇÃO DA VONTADE POR QUALQUER MEIO DE PROVA IDÔNEO. LEGITIMIDADE DOS FAMILIARES MAIS PRÓXIMOS A ATUAREM NOS CASOS ENVOLVENDO A TUTELA DE DIREITOS DA PERSONALIDADE DO INDIVÍDUO POST MORTEM. 4. CASO CONCRETO: RECORRENTE QUE CONVIVEU E COABITOU COM SEU GENITOR POR MAIS DE 30 (TRINTA) ANOS, SENDO A MAIOR PARTE DO TEMPO EM CIDADE BEM DISTANTE DA QUE RESIDEM SUAS IRMÃS (RECORRIDAS), ALÉM DE POSSUIR PROCURAÇÃO PÚBLICA LAVRADA POR SEU PAI, OUTORGANDO-LHE AMPLOS, GERAIS E IRRESTRITOS PODERES. CIRCUNSTÂNCIAS FÁTICAS QUE PERMITEM CONCLUIR QUE A SUA MANIFESTAÇÃO É A QUE MELHOR TRADUZ A REAL VONTADE DO DE CUJUS. 5.CORPO DO GENITOR DAS PARTES QUE JÁ SE ENCONTRA SUBMETIDO AO PROCEDIMENTO DA CRIOGENIA HÁ QUASE 7 (SETE) ANOS. SITUAÇÃO JURÍDICA

CONSOLIDADA NO TEMPO. POSTULADO DA RAZOABILIDADE. OBSERVÂNCIA. 6. RECURSO PROVIDO. (Brasil, 2019e)

No mais, o debate sobre o ato de disposição de última vontade e sobre a segurança jurídica é necessário. Afinal, como ficam as despesas referentes à manutenção do corpo criopreservado, as questões atinentes aos contratos celebrados entre clínica, falecido ou familiares e as questões de responsabilidade civil?

Capítulo 4

Pessoa jurídica

Como expusemos anteriormente, toda pessoa (física ou jurídica) é capaz de direitos e deveres na ordem civil. Assim, precisamos conceituar a pessoa jurídica de acordo com sua grande importância nas relações sociais.

Define-se *pessoa jurídica* como a entidade constituída de pessoas físicas que tem personalidade própria, de modo distinto de seus membros, capaz de adquirir direitos e contrair obrigações. Em que pese tal conceituação não esteja expressa na legislação civilista de 2002, a Lei da Liberdade Econômica – Lei n. 13.874, de 20 de setembro de 2019 (Brasil, 2019c) – preocupou-se em inserir norma nesse sentido (Tartuce, 2021).

Sob o prisma histórico, a origem da pessoa jurídica está atrelada à necessidade de se criar instituições que atendessem a fins comuns, o que permitia a associação de interesses com personalidade distinta de seus componentes. Como podemos perceber, a pessoa jurídica nasceu de um fato social e ganhou extrema relevância jurídica com o passar dos tempos.

Logo, é inegável a importância social da pessoa jurídica no desenvolvimento da sociedade norteada pelos princípios constitucionais e pelo Código Civil – Lei n. 10.406, de 10 de janeiro de 2002 (Brasil, 2002) – como eticidade e socialidade. Com base nisso, espera-se da pessoa jurídica uma ação ética destinada à promoção do melhor ambiente de trabalho e dos cuidados com o meio ambiente e a sociedade.

Na leitura do direito civil constitucional e segundo os princípios gerais do Código Civil, o exercício da pessoa jurídica não pode prejudicar terceiros, atentando-se ao bem-estar coletivo.

Nesse caso, evidencia-se a função social da empresa como ambiente de promoção da dignidade humana e de responsabilidade social voltado a preservar direitos e inibir o abuso do poder empresarial (Figueiredo; Figueiredo, 2020).

Prova disso é o comportamento responsável de empresas voltadas à comunidade, com a geração de vagas de trabalho para pessoas com deficiência, a fim de promover acesso e maior inclusão na sociedade. Ainda há a responsabilidade de empresas com o respeito aos direitos humanos, por meio da divulgação, da conscientização e da elaboração de um código de conduta acessível a todos os colaboradores.

— 4.1 —
Natureza da pessoa jurídica

Na doutrina, existem diversas teorias que buscam afirmar e justificar a existência da pessoa jurídica, entre as quais destacamos:

- **Teoria negativista** – Não admite a pessoa jurídica como sujeito de direito; seria uma ficção jurídica que guarda semelhança com uma reunião de pessoas de interesses semelhantes.
- **Teoria afirmativista** – Reconhece a existência e a personalidade própria da pessoa jurídica. Tem as seguintes vertentes:
  - Ficção legal – Sustenta que a pessoa jurídica constitui uma criação artificial da lei para exercer direitos patrimoniais e facilitar a função de certas entidades.

- Ficção doutrinária – Afirma que a pessoa jurídica existe apenas na doutrina; é uma variação da doutrina negativista.
- **Teoria da realidade jurídica** – A pessoa jurídica é realidade, e não mera ficção. Apresenta as seguintes concepções:
  - Realidade objetiva – A pessoa jurídica traduz uma realidade e busca realizar um objetivo social.
  - Realidade jurídica – A pessoa jurídica é uma realidade concretizada em organizações sociais destinadas a determinado serviço.

A teoria da realidade jurídica é adotada pelo ordenamento pátrio, uma vez que se traduz no disposto no Código Civil, em especial no que se refere às exigências formais para a atribuição de personalidade própria (Schreiber, 2018).

Por tal motivo, a pessoa jurídica tem uma série direitos, como os de personalidade, apontados no art. 52 do Código Civil, os quais foram reconhecidos por equiparação. Sobre a lesão dos direitos da personalidade da pessoa jurídica, destacamos a Súmula n. 227 de 8 de setembro de 1999 (Brasil, 1999a), do Superior Tribunal de Justiça (STJ), voltada à concessão do dano moral à pessoa jurídica que teve sua reputação (honra objetiva) atingida.

— 4.2 —
Espécies e classificações da pessoa jurídica

Superada a conceituação de pessoa jurídica, para melhor compreensão do tema, devemos analisar suas espécies e classificações, quais sejam:

- **Pessoas jurídicas de direito público** – São aquelas que têm atividade de caráter público. Podem ser de direito público externo, como organismos internacionais, tais como Estados estrangeiros, ou de direito público interno, como a União, estados, municípios e Distrito Federal, além de autarquias, associações públicas, empresas estatais e demais entidades de caráter público criadas pela lei, em atenção ao art. 41 do Código Civil.
- **Pessoas jurídicas de direito privado** – São aquelas constantes no art. 44 do Código Civil. É importante esclarecer que se trata de rol meramente exemplificativo, nos termos do Enunciado n. 144 (Brasil, 2021d), do Conselho de Justiça Federal (CFJ). Assim, de acordo com o referido artigo, são pessoas jurídicas de direito privado:
  - Associações – Entidades formadas pela reunião de pessoas com finalidade não lucrativa, mediante elaboração de estatuto, nos termos do art. 53 do Código Civil.

O Enunciado n. 534 (Brasil, 2021e) do CJF, da Sexta Jornada de Direito Civil, afirma ser possível que as associações desenvolvam atividade econômica, desde que não haja finalidade lucrativa, como acontece com associações de bairro e estudantis. Assim, por serem constituídas por pessoas, as associações são tidas como corporações nas quais não existe, entre os associados, direitos e obrigações recíprocos, pois não há intenção de lucro, nos termos do art. 53, parágrafo único, do Código Civil. Entretanto, nas associações podem existir direitos e obrigações entre os associados, como o pagamento de contribuição mensal (Tartuce, 2021).

- Sociedades - Entidades constituídas por meio de contrato social e com finalidade lucrativa. Podem ser simples ou empresárias, conforme a atividade exercida e o local de registro. Ou seja, a finalidade lucrativa é o que distingue a sociedade da associação. As sociedades empresárias têm sua atividade econômica voltada à circulação de bens e serviços, com registro na Junta Comercial, em atenção ao disposto no art. 966 do Código Civil (Schreiber, 2018). Já as sociedades simples se destinam ao exercício de atividade não empresarial, como as sociedades imobiliárias e as cooperativas. O registro destas deve ser feito no Cartório de Registro de Pessoas Jurídicas, conforme o art. 998 do diploma civil.

- Fundações – Entidades constituídas por um patrimônio determinado, o qual se destina à assistência social, à defesa e à conservação de patrimônio, à cultura, à educação e à saúde, entre outros fins, determinados na Lei n. 13.151, de 28 de julho de 2015 (Brasil, 2015c) e no art. 62, parágrafo único, do Código Civil. Portanto, a fundação nasce de um ideal e, para atingir seu objetivo, atribui-se a ela um patrimônio. Sua instituição se dá por meio de escritura pública ou testamento, no qual deve constar o fim e os bens que lhe serão destinados. Nesse sentido, o art. 62 do Código Civil estabelece os seguintes elementos para se criar uma fundação: afetação de bens livres; especificação de fins; previsão do modo de administração; e elaboração de estatuto com os objetivos, que deve ser submetido ao Ministério Público, requisito facultativo no ato da instituição. Considerando o interesse social, os administradores da fundação devem prestar contas ao Ministério Público, órgão que atua como fiscal da lei e acompanha a gestão quanto ao conjunto de bens.
- Organizações religiosas – Entidades que se destinam à atividade religiosa, com natureza de associação e, consequentemente, imunidade tributária. O Enunciado n. 143 (Brasil, 2021c), da Terceira Jornada de Direito Civil, afirma que a liberdade de funcionamento das organizações religiosas não impede o controle da legitimidade e

da legalidade constitucional de seu registro, bem como o reexame pelo Judiciário da compatibilidade dos atos com a lei e seus estatutos.

- Partidos políticos – Entidades originadas da associação de pessoas que visam assegurar a vigência do regime democrático, bem como a defesa dos direitos fundamentais. Têm imunidade tributária e natureza jurídica de associação. São regulamentados por lei específica, em atenção ao disposto no art. 44, parágrafo 3º, do Código Civil. Sobre o assunto, destaca-se a seguinte legislação: Lei n. 9.096, de 19 de setembro de 1995 (Brasil, 1995a); Lei n. 9.259, de 9 de janeiro de 1996 (Brasil, 1996); Lei n. 11.459, de 21 de março de 2007 (Brasil, 2007a); Lei n. 11.694, de 12 de junho de 2008 (Brasil, 2008) (Figueiredo; Figueiredo, 2020).

- **Empresas individuais de responsabilidade limitada (Eireli)** - Empresa de responsabilidade limitada, individual, com o capital social devidamente integralizado, que não seja inferior a 100 vezes o maior salário mínimo do país, conforme dispõe o art. 980-A do Código Civil, recentemente alterado pela Lei da Liberdade Econômica (Tartuce, 2021).

Desse modo, o avanço social tornou claro que as relações jurídicas não poderiam mais se restringir às pessoas naturais, demonstrando a necessidade da criação e do reconhecimento de novas entidades tuteladas pelo direito, denominadas *pessoas jurídicas* (Gagliano; Pamplona Filho, 2018).

— 4.3 —
Criação da pessoa jurídica

Como vimos, é inegável a importância da pessoa jurídica em nossa realidade social. Por isso, a partir de agora, vamos aprimorar nossos estudos sobre a criação da pessoa jurídica, a qual se consolida pela tradução da vontade de seus integrantes, pela observância dos critérios legais e pela licitude de seu objeto (Gagliano; Pamplona Filho, 2018).

Assim, a pessoa jurídica de direito privado tem seu início com a inscrição de seu ato constitutivo no respectivo registro. Ainda, se necessário, precede de autorização ou de aprovação do Poder Executivo, como dispõe o art. 45 do Código Civil, sob pena de inexistência. Isso acontece com os bancos, por exemplo, que precisam, antes do registro, da autorização do Banco Central, e as sociedades estrangeiras, que são orientadas pelo art. 11, parágrafo 1º, da LINDB.

O documento levado ao registro são os atos constitutivos de uma pessoa jurídica, divididos em:

- **Estatuto** – Conjunto de regras destinadas a associações, cooperativas, sociedades anônimas e fundações.
- **Contrato social** – Documento que relaciona dados como razão social, identificação dos sócios e destinação de atividades, em regra, utilizado nas sociedades.

No caso de associações e fundações, o registro dos atos constitutivos é realizado no cartório das pessoas jurídicas, o que também acontece com os partidos políticos. Entretanto, para aquisição de direitos eleitorais, o partido político deve ter registro no Tribunal Superior Eleitoral (TSE), em atenção ao disposto no art. 17 da Constituição Federal (Brasil, 1988) (Schreiber, 2018).

Os requisitos dos atos constitutivos se encontram no rol do art. 46 do Código Civil. Acaso não sejam observados, tão somente será reconhecida uma sociedade de fato.

No que tange à representação, a pessoa jurídica atua por intermédio de seus administradores e órgãos, como relacionado em seus atos constitutivos, nos termos do art. 47 do Código Civil (Figueiredo; Figueiredo, 2020).

A extinção da pessoa jurídica pode se dar das seguintes formas:

- **Consensual** – Por vontade das partes em romper o vínculo.
- **Legal** – Por decretação de falência ou no caso de falecimento do sócio, obedecendo-se aos ditames legais.
- **Administrativa** – Por cassação de autorização administrativa para o funcionamento, como pode acontecer com os bancos.
- **Judicial** – Por decorrência de processo e decisão judicial, na forma dos arts. 45, parágrafo único, e 1.034 do Código Civil.

Devemos frisar que a pessoa jurídica tem existência e patrimônio diversos aos de seus criadores e que seu regramento se assemelha ao disposto à pessoa natural. No melhor exemplo, destacamos a inclusão do art. 49-A no Código Civil pela Lei da Liberdade Econômica (Tartuce, 2021).

O tratamento dado pelo Código Civil aos direitos da personalidade alçou o indivíduo ao centro do ordenamento, promovendo o diálogo com os direitos e as garantias fundamentais previstas na Constituição Federal. Sem dúvida, tais garantias foram estendidas à pessoa jurídica, como veremos na sequência.

Por fim, quando falamos em nome da pessoa jurídica, é importante verificar qual sua natureza, pois, no caso de associações e fundações, não há qualquer exigência legal. Já as sociedades devem obedecer à própria classificação, uma vez que, se forem sociedades anônimas, há regramento específico sobre a denominação (Schreiber, 2018).

— 4.4 —
Domicílio da pessoa jurídica

O Código Civil, em seu art. 75, disciplina sobre o domicílio da pessoa jurídica:

- **Pessoa jurídica de direito privado** – Tem por domicílio a sede, ou seja, o local em que funciona a administração ou a diretoria da instituição. Caso a sede seja no estrangeiro, será tido como domicílio o estabelecimento situado no Brasil. Também existe a possibilidade de múltiplos domicílios da pessoa jurídica.

- **Pessoa jurídica de direito público** – A União tem por domicílio o Distrito Federal; os estados e os territórios, suas respectivas capitais; e os municípios, o local em que funciona sua administração.

Cabe destacar o entendimento do STJ sobre a validade de citação realizada na sede da empresa e recebida por funcionário, ainda que ele não seja mencionado no estatuto como representante da empresa (Figueiredo; Figueiredo, 2020).

O Código Civil traz o regramento da pessoa jurídica de modo similar ao da pessoa natural, dispondo sobre meios de sua constituição até sua extinção (Tartuce, 2021). Além disso, as pessoas jurídicas respondem na força de seu patrimônio. As pessoas de direito privado devem reparar o dano causado por seu representante. Já as pessoas de direito público são responsáveis por atos de seus representantes que causem danos a terceiros, ressalvado o direito de regresso (Figueiredo; Figueiredo, 2020).

Podemos identificar, assim, a possibilidade de responsabilização da pessoa jurídica de direito privado, comumente reconhecida como *responsabilidade empresarial*, a qual pode decorrer da violação de obrigações previstas em negócios jurídicos ou da inobservância dos deveres legais ou sociais, além de ensejar a responsabilidade extracontratual, em atenção ao disposto nos arts. 932 e seguintes do Código Civil.

No mais, o art. 47 do diploma civil estabelece a responsabilidade empresarial pelos atos praticados nos limites dos poderes. Isso significa que a pessoa jurídica responde pelos atos que seus integrantes praticam em seu nome, mesmo que extrapolem os limites dos poderes que detinham, exceto se o prejudicado tem conhecimento da situação (Farias; Rosenvald, 2011). Por sua vez, as pessoas jurídicas de direito público – inclusive os entes da administração indireta e as pessoas jurídicas de direito privado, como as sociedades de economia mista e as empresas públicas, que prestam serviço público por concessão ou por permissão – têm responsabilidade objetiva por seus atos, independentemente de culpa pelas condutas lesivas de seus agentes, exceto quando provenientes de conduta exclusiva da vítima, de fato de terceiro e de caso fortuito ou de força maior.

Por fim, no ordenamento pátrio, vemos outros grupos formados por decorrência de um ato jurídico que vincula determinadas pessoas físicas em torno de bens que lhes são de interesse, mas que não são dotados de personalidade jurídica. Tais grupos são denominados de *entes despersonalizados*, entre os quais se destacam a família, o condomínio e o espólio.

— 4.5 —
Desconsideração da pessoa jurídica

A criação da pessoa jurídica acarreta a distinção entre o patrimônio desta e o da pessoa física que a tenha criado. Todavia, há administradores que não fazem isso, promovendo uma confusão patrimonial, o que por vezes configura o abuso da personalidade jurídica.

Também existem determinadas situações em que os administradores exercem atividade diversa da atividade-fim prevista em seu ato constitutivo com o propósito de lesar credores. Nesses casos, a responsabilidade imputada ao empresário se dá de modo subsidiário no que se refere às dívidas da pessoa jurídica (Coelho, 2019).

Identificamos, assim, uma situação deveras lesiva, o que motiva a adoção, pelo ordenamento pátrio, da desconsideração da personalidade jurídica, a qual se ampara em duas teorias:

- **Teoria maior** – Nesse caso, é imprescindível a existência de abuso da personalidade jurídica e prejuízo ao credor. Tal teoria é adotada pelo Código Civil, em seu art. 50.
- **Teoria menor** – Nesse caso, é necessário identificar o prejuízo ao credor. Essa teoria é adotada por algumas legislações especiais, como o Código de Defesa do Consumidor (CDC) – Lei. n. 8.078, de 11 de setembro de 1990 (Brasil, 1990b).

Assim, a aplicação do referido dispositivo permite alcançar os bens particulares dos sócios, a fim de evitar a consumação da fraude ou dos abusos realizados pelos administradores, garantindo aos credores a satisfação das dívidas. A Lei da Liberdade Econômica buscou evitar a imputação de responsabilidade ao sócio que não tem poder de gestão, com a análise do nexo causal dos envolvidos e a extensão de sua atuação (Figueiredo; Figueiredo, 2020).

No mesmo caminho, a referida lei reconheceu a possibilidade da desconsideração inversa, a qual se identifica com a destinação de patrimônio pessoal em prol da empresa, com intenção de fraude. Tal situação é prontamente identificável na partilha de bens litigiosa, ocasião na qual o cônjuge prejudicado pode requerer a desconsideração inversa para atingir o patrimônio da pessoa jurídica.

Sob a ótica consumerista, a desconsideração da personalidade jurídica se identifica no art. 28, parágrafo 5º, do CDC. Cabe ao consumidor a demonstração de prejuízo para requerer pedido de ressarcimento. Logo, podemos perceber a preocupação em coibir a utilização da pessoa jurídica para fins diversos a que se destina, possibilitando aos credores a satisfação de seus haveres por meio do alcance do patrimônio dos sócios (Tartuce, 2021).

Para reflexão

O instituto da desconsideração inversa da personalidade jurídica é tido como novidade no ordenamento jurídico, e sua aplicação no direito das famílias foi por muito tempo esperada.

Na prática familiarista, a ocultação de patrimônio é de pronto reconhecida, a fim de evitar a divisão dos bens suscetíveis à partilha ou de mascarar as reais possibilidades na fixação dos alimentos devidos. Por isso, a desconsideração inversa da personalidade jurídica passou a ser uma constante, nos termos do art. 50 do Código Civil. Nesse sentido, extrai-se o entendimento no julgado a seguir, referente à execução de alimentos:

> DESCONSIDERAÇÃO DA PERSONALIDADE JURÍDICA – Decisão que deferiu a desconsideração da personalidade jurídica, com

o reconhecimento de grupo econômico – Pretensão a exclusão da responsabilização de empresa, pois não pertence ao mesmo grupo – Hipótese em que, ante os fatos narrados e a documentação apresentada, não restaram evidenciados os atos ensejadores da aplicação da desconsideração da personalidade jurídica, na via inversa – Recurso provido (São Paulo, 2021c)

A desconsideração inversa é aplicada para evitar fraudes, em atenção ao art. 133, parágrafo 2º, do Código de Processo Civil – Lei n. 13.105, de 16 de março de 2015 (Brasil, 2015a) –, como demonstra o julgado a seguir:

AÇÃO MONITÓRIA – Cheques – Deferimento do pleito de desconsideração inversa da personalidade jurídica da empresa da ex-companheira do executado – Indícios veementes de confusão patrimonial – Esvaziamento do patrimônio do executado e comprovada atuação do executado como sócio da empresa aberta em nome da companheira – Requisitos do artigo 50 do Código Civil preenchidos – Precedentes desta Corte – Desconsideração da personalidade jurídica e inclusão da empresa agravante e de sua única sócia no polo passivo da execução mantida – Recurso desprovido. (São Paulo, 2021a)

Com a leitura dos julgados, podemos observar a importância do referido instituto na apuração dos reais rendimentos do alimentante e na proteção dos bens adquiridos na constância da união, que serão objeto de futura partilha. Nesse sentido, quais são os requisitos indispensáveis para a concessão do pedido de desconsideração inversa da personalidade jurídica?

Capítulo 5

Bens

A palavra *bem*, por vezes, é tida como sinônimo de *coisa*, o que de fato não é. Segundo Tartuce (2021), *coisa* é o gênero, é tudo o que existe objetivamente, com exceção do homem. Já *bem* é a espécie, que proporciona ao homem uma utilização e que inclusive é passível de apropriação. Assim, todos os bens são tidos como coisas, entretanto nem todas as coisas são bens.

Tal critério foi adotado pelo Código Civil vigente – Lei n. 10.406, de 10 de janeiro de 2002 (Brasil, 2002) –, o qual utiliza a expressão *bem* e faz sua classificação. Na distinção entre *bens* e *coisas*, destacamos o tratamento jurídico destinado aos animais.

Um animal de estimação pode ser definido como coisa? Pela letra da lei, sim, em que pese exista uma corrente que afirma que os animais são sujeitos de direito. Há, inclusive, movimentação legislativa (Projeto de Lei do Senado Federal n. 351, de 2015) para definir tratamento específico aos animais, distanciando-os do conceito de *coisa*.

Sob a ótica da jurisprudência, existem decisões nos tribunais pátrios que aplicam, de forma análoga, em casos de divórcio, as regras sobre a guarda de filhos aos animais de estimação (Tartuce, 2021).

Por fim, é possível reconhecer nas relações jurídicas alguns bens como valores econômicos e outros sem qualquer referência pecuniária, que se refletem na simples manifestação da personalidade do sujeito ou no exercício de suas atividades de natureza intelectual ou técnica.

— 5.1 —
Conceito

Sob o prisma jurídico, *bem* é aquilo sobre o qual o sujeito exerce seu poder, ou seja, tudo aquilo que, tendo natureza patrimonial, possa ser objeto de uma relação jurídica e ser incorporado ao patrimônio de alguma pessoa, natural ou jurídica, juntamente com seus direitos e deveres (Fiuza, 2015).

Esse conceito deve se estender aos bens corpóreos, os quais são apropriados de forma mais clara, a exemplo de uma casa ou um automóvel, entre outros. Já os bens incorpóreos são, por exemplo, a vida, a honra e a liberdade.

É inegável a mudança de hábitos com o advento da sociedade da informação e a consequente democratização da internet, uma vez que se tornaram comportamento cada vez mais comuns a compra *on-line* e a aquisição de bens digitais. Para Lara (2016, p. 74), "bens digitais são bens incorpóreos, inseridos na internet por um usuário, com informações pessoais que lhe tragam utilidade, podendo ter valor econômico ou não". Em tempos atuais, a informação é vista como um bem tutelado pelo direito, ao se considerar que o fornecimento de dados constitui atividade com reflexo no mundo jurídico.

— 5.2 —
Bens considerados em si mesmos

O Código Civil promove a classificação dos bens, iniciando com os bens considerados em si mesmos, tidos como aqueles que não dependem da relação com os outros, persistindo sua singularidade. Os bens considerados em si mesmos são classificados em:

- **Bens imóveis** – São aqueles incorporados ao solo de forma natural ou artificial, nos termos dos arts. 79 a 81 do Código Civil. Ou seja, bens imóveis não podem ser transportados de um lugar para o outro sem alteração (Figueiredo; Figueiredo, 2020).

Essa classificação é de extrema importância ao se observar a gama de direitos e deveres relacionados à natureza do bem imóvel, como a necessidade da realização de escritura pública para bens com o valor superior a 30 salários mínimos, com a devido inscrição no registro de imóveis, nos termos do art. 1.245 do Código Civil.

Para a alienação do bem imóvel, exige-se a outorga uxória (exceto em regime de separação de bens e em regime de separação final nos aquestos). Há possibilidade de usucapião, entretanto a lei fixa prazo maior de prescrição aquisitiva.

Destacamos, ainda, a possibilidade da fixação de bens imóveis por equiparação legal, como o direito à sucessão aberta e os direitos reais sobre imóveis e as ações que os asseguram, garantindo maior segurança jurídica aos envolvidos, em atenção ao disposto nos arts. 80 e 81 do Código Civil.

- **Bens móveis** – São aqueles que podem ser movimentados por força própria ou alheia, sem que ocorra sua destruição ou alteração. Além disso, são considerados semoventes os bens móveis que se movem por si só, como os animais (Schreiber, 2018).

Também são bens móveis as energias que reflitam valores econômicos e materiais que serão utilizados em construção enquanto não forem aplicados, nos termos dos arts. 83 e 84 do Código Civil.

Quanto à alienação, o bem móvel se transfere pela tradição, a qual dispensa a outorga uxória. Há possibilidade de usucapião de bens móveis, com a lei concedendo prazo menor do que o previsto aos bens imóveis.

- **Bens fungíveis e infungíveis** – Nos termos do art. 85 do diploma civil, bens fungíveis são aqueles que podem ser perfeitamente substituídos por outros de iguais espécie e gênero, observada a quantidade, como o dinheiro e os grãos, entre outros. Já bens infungíveis são aqueles em que não há possibilidade de substituição em razão de sua personalização.

Na prática, essa distinção se revela de grande importância, em especial nas relações contratuais, a exemplo do contrato de comodato, que se refere a bem infungível – trata-se de um empréstimo de objeto certo e determinado –, em atenção ao disposto no art. 579 do Código Civil. Já o contrato de mútuo, previsto no art. 586, demonstra que o objeto da relação contratual é coisa fungível, constituindo uma dívida de gênero (Figueiredo; Figueiredo, 2020).

- **Bens consumíveis e inconsumíveis** – Se o bem sofrer destruição ao ser utilizado, ele será definido como bem consumível e, em regra, é destinado à alienação, como alimentos e livros. Já se o bem permitir sua utilização de forma reiterada, será visto como um bem inconsumível, por exemplo, televisores e carros, em atenção ao disposto no art. 86 do Código Civil (Gagliano; Pamplona Filho, 2018).
- **Bens divisíveis** – São aqueles que admitem a partição em porções distintas, sem alteração de sua substância, diminuição de valor ou prejuízo daqueles a que se destinam, consoante no disposto no art. 87 do Código Civil. Por vontade das partes ou imposição legal, um bem naturalmente divisível pode se tornar indivisível, como observa o art. 88 do referido diploma.
- **Bens indivisíveis** – São aqueles que não admitem fracionamento, pois isso acarretaria a perda de sua qualidade essencial ou sua desvalorização pecuniária. A indivisibilidade pode se dar mediante imposição jurídica, como a herança, que permanece indivisível até a efetiva partilha, em atenção aos arts. 1.784 e 1.791 do Código Civil. Além disso, as partes podem convencionar acerca da indivisibilidade do bem, por exemplo,

quando dois proprietários de um cavalo de raça concordarem que aquele animal será destinado tão somente à reprodução.

- **Bens singulares ou coletivos** – Consideram-se bens singulares aqueles passíveis de individualização, como um livro, em atenção ao dispõe o art. 89 do Código Civil. Já os bens coletivos são aqueles que têm valor agregado como um todo, formando um conjunto de bens singulares, a exemplo de uma biblioteca (Fiuza, 2015).

— 5.3 —
Bens reciprocamente considerados

Os bens ainda podem ser classificados de acordo com suas relações uns com os outros. São **bens principais** aqueles que têm existência autônoma; e são **bens acessórios** aqueles cuja existência depende de outro bem, considerado principal. Nesse caso, destacamos o princípio da gravitação jurídica, o qual determina que o bem acessório segue o principal, salvo disposição em contrário (Tartuce, 2021).

Os bens acessórios se dividem em:

- **Frutos** – São aqueles unidos ao bem principal, cuja percepção se dá de forma esporádica, sem existir deterioração do bem principal. Podem ser:
  - **Naturais** – Advindos do bem principal, sem intervenção humana, como os frutos de uma árvore.

- Industriais – Decorrentes da atividade humana, como uma linha de produção de veículos.
- Civis ou rendimentos – Provenientes de relação jurídica ou econômica, tais como juros.

Os frutos podem ser definidos de acordo com o estado em que se encontram: pendentes, quando atrelados aos bens; percebidos, se já colhidos; consumidos, quando já não existem mais (Fiuza, 2015).

Sobre o tema, o art. 1.214 do Código Civil garante ao possuidor de boa-fé direito aos frutos percebidos, mas não aos pendentes ou aos colhidos por antecipação. Todavia, ao possuidor de má-fé não cabe direito sobre o fruto, e ele deve ser indenizado pelas despesas de produção e de custeio dos frutos pendentes.

- **Produtos** – São bens acessórios extraídos de outro bem considerado principal, do qual promovem a redução, pois advêm de recursos não renováveis, como a extração de carvão em mina esgotável (Figueiredo; Figueiredo, 2020).
- **Pertenças** – São bens que se destinam a servir o bem principal em razão do trabalho do proprietário. Não segue a sorte do principal, a exemplo dos armários de uma casa ou do trator de uma fazenda, como dispõe o art. 94 do Código Civil.
- **Benfeitorias** – São todas as obras realizadas em bem móvel ou imóvel. Podem ser:
    - Necessárias – Direcionadas à conservação do bem, por exemplo, a reforma de uma tubulação.

- Úteis – Destinadas à melhoria do bem, como a instalação de um portão automático.
- Voluptuárias – Direcionadas ao embelezamento do bem, como a construção de uma piscina na casa.

Conforme a Lei de Locações – Lei n. 8.245, de 18 de outubro de 1991 (Brasil, 1991) –, as benfeitorias úteis e necessárias devem ser indenizadas pelo locador, podendo o locatário exercer o direito de retenção sobre estas. Já as benfeitorias voluptuárias apenas serão levantadas se não acarretarem dano ao bem principal. Essas disposições se revelam na hipótese de silêncio contratual, aplicadas, portanto, de modo supletivo. Inclusive, é reconhecida a possibilidade de cláusula contratual de renúncia das benfeitorias, em qualquer modalidade, nos termos da Súmula n. 335, de 25 de abril de 2007 (Brasil, 2007b), do STJ.

- **Acessões** – São as uniões físicas das coisas acessórias às principais, aumentando o volume dessas últimas ou seu valor econômico, como uma floresta que foi acrescida ao solo por ação da natureza. As acessões são indenizáveis quando está presente a boa-fé, mas não se confundem com as benfeitorias.

— 5.4 —
Bens públicos e particulares

A classificação dos bens realizada pelo Código Civil se estende, também, em relação ao titular do domínio, a saber:

- **Bens públicos** – Pertencem a determinado ente de direito público, em atenção ao art. 98 do Código Civil. O rol constante no referido artigo é meramente exemplificativo. Os bens públicos podem ser classificados em:
  - De uso geral ou comum do povo – Destinados ao uso da população sem necessidade de permissão especial, a exemplo das ruas e das praças.
  - De uso especial – Destinados pelo Estado para a execução de serviço público especial, tais como os prédios da administração pública.
  - Dominicais – Compõem o patrimônio disponível e alienável, por exemplo, as terras devolutas.

  Nos termos dos arts. 183 da Constituição Federal e 102 do Código Civil, os bens públicos, móveis ou imóveis, não são passíveis de usucapião, e tal disposição engloba os bens de uso comum e de uso especial e os dominicais.

- **Bens particulares** – Pertencem a pessoas físicas ou jurídicas de direito privado, refletindo o direito de propriedade, em atenção ao art. 98 do Código Civil.

Por fim, destacamos os **bens de comércio**, que são suscetíveis a alienação. Já os **bens fora de comércio** não podem figurar nas relações jurídicas de alienação (como o ar atmosférico), por sua própria natureza, por determinação legal (bens públicos) ou pela vontade humana (imposição de cláusula restritiva na doação).

— 5.5 —
Bem de família

Sobre os bens particulares, merecem destaque o bem de família e a proteção prevista no ordenamento pátrio. Primeiramente, vale relembrar que a Constituição Federal afirma que a família é a base do Estado, concedendo a esta o tratamento diferenciado, independentemente do formato (Figueiredo; Figueiredo, 2020).

Essa proteção está relacionada à garantia de um mínimo patrimonial à dignidade da pessoa humana, com a intenção primordial de erradicar a pobreza e reduzir as desigualdades sociais. Assim, o patrimônio serve para atender às necessidades humanas elementares, com um mínimo existencial para corroborar o princípio da dignidade da pessoa humana. O maior exemplo, nesse caso, é a proteção do patrimônio por meio das disposições sobre o bem de família, constantes na Lei n. 8.009, de 29 de março de 1990 (Brasil, 1990), e nos arts. 1.711 e seguintes do Código Civil.

Assim, **bem de família** é o imóvel que o casal ou a família utiliza como residência. Pode ser um imóvel residencial urbano ou rural, acrescido de seus acessórios e suas pertenças, destinando-se, necessariamente, ao domicílio familiar, ou seja, a lei protege o local do lar (Tartuce, 2021).

No ordenamento pátrio, são previstas duas formas de bem de família, a saber:

- **Bem de família voluntário ou convencional** – Pode ser instituído pelos cônjuges ou por terceiros, por registro no cartório de imóveis ou no testamento, não ultrapassando um terço do patrimônio líquido existente ao tempo da instituição, como previsto nos arts. 1.711 a 1.722 do Código Civil.
- **Bem de família legal** – É regulamentado pela Lei n. 8.009/1990, a qual estabeleceu a impenhorabilidade das moradias familiares, independentemente de qualquer ato ou providência dos interessados.

No entendimento da referida lei, a impenhorabilidade abrange a casa e seu terreno, os móveis que guarnecem a casa, as plantações, as benfeitorias de qualquer natureza e os equipamentos, inclusive os de uso profissional. Excluem-se veículos de transporte, obras de arte e adornos suntuosos. Caso seja residência alugada, a impenhorabilidade abrange os bens móveis quitados, de propriedade do inquilino, que guarnecem a residência.

Para reflexão

Como vimos, **bens** são os objetos das relações jurídicas. Com certeza, quando falamos em *bens*, surge uma discussão acerca de sua classificação e de sua titularidade. Por esse motivo, o assunto é recorrente nos tribunais pátrios, e um dos temas mais controvertidos diz respeito aos animais, se são ou não sujeitos de direito.

A jurisprudência e a doutrina pátria se dividem da seguinte forma:

- Animais são sujeitos de direito, pois todos nós somos animais, devendo-se, assim, serem atribuídos direitos de personalidade a eles.
- Há uma separação dos conceitos de *pessoa* e de *sujeito de direitos*, deixando de atribuir personalidade aos animais.
- Os animais são bens semoventes e, portanto, classificados como coisa.

Fato é que os animais, especialmente os domésticos, são seres sencientes, já que são capazes de sentir afeto e compreender as ações rotineiras de seu ambiente. Não são raras as demonstrações de sentimento entre o animal de estimação e seus donos.

O art. 226 da Constituição Federal coloca a família como base da sociedade e detentora de especial proteção do Estado. A concepção de família não se restringe àquela advinda do matrimônio, pois são diversas as entidades familiares, como as socioafetivas, as monoparentais, as homoafetivas e as reconstituídas. Nesse contexto, o direito, como reflexo social, está em constante mutação e, por tal motivo, é cada vez mais fácil identificarmos famílias compostas por seres humanos e animais de estimação, denominadas pela doutrina como *famílias multiespécies*.

Na prática, essas questões têm reflexo nas varas de família, nas situações em que se finda uma relação conjugal e há animais de estimação envolvidos. Qual o destino dos "filhos de patas"? Qual regramento utilizar?

Os julgados dos tribunais pátrios nos garantem um norte, como podemos ver a seguir:

> GUARDA E VISITAS DE ANIMAL DE ESTIMAÇÃO. SEPARAÇÃO JUDICIAL.
>
> O animal em disputa pelas partes não pode ser considerado como coisa, objeto de partilha, e ser relegado a uma decisão que divide entre as partes o patrimônio comum. Como senciente, afastado da convivência que estabeleceu, deve merecer igual e adequada consideração e nessa linha entendo deve ser reconhecido o direito da agravante, desde logo, de ter o animal em sua companhia com a atribuição da guarda alternada. O acolhimento da sua pretensão atende aos interesses essencialmente da agravante, mas tutela, também, de forma reflexa, os interesses dignos de consideração do próprio animal. Na separação ou divórcio deve ser regulamentada a guarda e visita dos animais em litígio. Recurso provido para conceder à agravante a guarda alternada até que ocorra decisão sobre a sua guarda. (São Paulo, 2021f)
>
> TUTELA ANTECIPADA – Ação de dissolução de união estável cumulada com guarda de animais de estimação – Decisão que fixou regime de visitação provisório do réu aos cachorros – Inconformismo da autora – Pedido de regime de visitação que está contido no pedido de guarda unilateral formulado pela própria autora em sua peça inicial – Decisão extra petita não configurada – Alegações genéricas quanto à necessidade de revogação das visitas – Decisão que observou o bem-estar animal – Decisão mantida – Recurso desprovido. (São Paulo, 2021b)

Em razão da natureza de tais decisões, torna-se mais evidente a necessidade de regramento específico para os animais, com especial atenção àqueles de estimação envolvidos em litígios. Essa preocupação tem caráter preventivo, a fim de evitar um maior fluxo processual nas varas de família.

Capítulo 6

Fato, ato e negócio jurídico

Vimos anteriormente que o direito é o conjunto de normas que visa à regulamentação social. Por isso, precisamos estudar os fatos e o impacto que eles têm na vida em sociedade, bem como sua relevância ou não para a ordem jurídica.

Define-se *fato jurídico* como todo acontecimento na vida humana. Alguns fatos podem decorrer das forças da natureza e não acarretar consequências jurídicas – são os **fatos materiais**, como um raio que cai no meio de uma floresta.

Outros fatos (naturais ou humanos) são originados de uma relação jurídica. E qual a definição de *relação jurídica*?

Conceitua-se *relação jurídica* como o elo capaz de gerar uma série de direitos e deveres entre os indivíduos por ela vinculados (Fiuza, 2015). Prova disso é a relação consumerista traduzida em uma simples compra no supermercado, que é capaz de revelar uma pluralidade de envolvidos, tais como consumidor, fabricante e fornecedor.

Nesse contexto, devemos diferenciar *relação jurídica* de *situação jurídica*, haja vista a relevância de tais conceitos no estudo dos negócios jurídicos. Assim, *situação jurídica* compreende as circunstâncias que permeiam a vida de uma pessoa desde o nascimento até a morte.

— 6.1 —
Fato jurídico em sentido amplo

O fato jurídico em sentido amplo é todo acontecimento derivado da conduta humana ou de ação da natureza capaz de criar, modificar, conservar e extinguir uma relação jurídica (Tartuce, 2021).

Importa dizer que o atual Código Civil, diferentemente de seu antecessor, não traz definição precisa sobre a aquisição de direitos e suas regras. Por isso, a conceituação trazida pelo Código Civil anterior – Lei n. 3.071, de 1º de janeiro de 1916 (Brasil, 1916) – faz-se pertinente para a compreensão do tema, especialmente por diferenciar *expectativa de direito* de *direito* e *direito eventual* de *direito condicional* (Gagliano; Pamplona Filho, 2018).

A *expectativa de direito* se traduz pela espera da efetivação do direito, uma vez que este ainda não foi incorporado ao patrimônio de seu titular e não pode ser reclamado. O direito eventual é aquele tutelado pela lei, todavia sua efetivação está atrelada por não se encontrarem presentes todos os elementos da norma jurídica (Schreiber, 2018). Por fim, o *direito condicional* é aquele que depende de evento futuro e certo, ou seja, para sua efetivação, é preciso que antes seja atendida uma condição.

No mais, a aquisição de direitos pode se revelar nas seguintes modalidades:

- **derivada**, quando advinda de relação jurídica anterior, ou **originária**, quando independe de outra pessoa;
- **gratuita** ou **onerosa**, quando subordinada ou não à contraprestação;
- **universal**, quando abrange a totalidade dos bens, ou **singular**, quando se refere apenas a coisas determinadas;

- **simples**, quando sua constituição se der por meio de um único ato, ou **complexa**, quando se consolida por uma sucessão de fatos.

Os direitos de personalidade não comportam a modificação de titularidade, em que pese a Súmula n. 642, de 12 de dezembro de 2020 (Brasil, 2020), do Superior Tribunal de Justiça (STJ), tenha firmado a seguinte tese jurídica: "O direito à indenização por danos morais transmite-se com o falecimento do titular, possuindo os herdeiros da vítima legitimidade ativa para ajuizar ou prosseguir a ação indenizatória" (Brasil, 2010, p. 2).

Os atos jurídicos ultrapassam o conceito da aquisição e da modificação, pois é garantida ao indivíduo a possibilidade de resguardo de seus direitos (Gagliano; Pamplona Filho, 2018). Tais medidas têm caráter assecuratório e estão dispostas da seguinte forma:

- **Ato de conservação** – Busca evitar o perecimento ou o esbulho do direito.
- **Ato de defesa do direito** – Efetiva-se pelo exercício do direito de ação mediante flagrante violação de direito.
- **Ato de defesa preventiva** – É aplicado antes que ocorra a violação do direito.
- **Autotutela** – Autorização, de modo excepcional, de ação imediata em situação de violação de direito.

É certo que, assim como a vida, os direitos podem ter fim. Portanto, os fatos jurídicos podem acarretar a extinção de direitos, como em situações de abandono e de falecimento, entre outras possibilidades.

— 6.2 —
Fato jurídico

Em sentido estrito, *fato jurídico* é todo aquele que gera consequência na esfera jurídica. Nesse contexto, é necessário esclarecer que nem todos os acontecimentos alheios à vontade humana são relevantes ao direito. Os fatos jurídicos apresentam a seguinte divisão:

- **Fato natural** – Decorre da natureza e independe de qualquer interferência humana para se consolidar, como o alcance da maioridade civil. Quando os fatos passam a ter interesse na esfera jurídica, temos o fato jurídico natural, no qual não há intervenção humana. Os fatos jurídicos naturais podem ser classificados em *ordinários* (relacionados aos acontecimentos da vida comum, como o nascimento) e *extraordinários* (fatos excepcionais, como um tsunami).

   Destacamos, aqui, os conceitos de *caso fortuito* e de *força maior* como fatos naturais que independem da vontade humana para sua concretização, considerados como excludentes de ilicitude.

- **Fato humano** – Decorre de conduta imbuída de vontade exteriorizada e consciente na busca de um resultado, quais sejam: a criação, a modificação, a transferência ou a extinção de direitos. Com base nesse conceito, o Código Civil traz como elemento primordial a vontade para a caracterização do ato jurídico. O ato jurídico lícito corresponde à ação humana motivada e relevante ao direito e em observância à lei (Tartuce, 2021). Outrossim, se há composição de interesses das partes com finalidade negocial, evidencia-se o negócio jurídico, que tem como fim a produção de efeitos jurídicos para a aquisição, a modificação ou a extinção do direito.

E o silêncio pode ser identificado como uma manifestação de vontade? A reposta é: cada caso é um caso. Isso porque as circunstâncias atinentes ao fato que se questiona são determinantes – por exemplo, se há ou não a declaração expressa da vontade, como dispõem os arts. 111 e 432 do Código Civil (Figueiredo; Figueiredo, 2020). Cabe destacar que parte da doutrina acrescenta a classificação trazida pelo Código Civil: o conceito de *ato* ou *fato jurídico* como fato jurídico em que a vontade não se faz relevante juridicamente, a *priori*, mas é importante por seus efeitos.

Conceitua-se ato jurídico ilícito todo comportamento humano omissivo ou comissivo contrário ao direito, o qual produz efeitos nas várias esferas do direito, tais como a penal, a administrativa e a civil. Em atenção ao art. 186 do Código Civil, ato ilícito é todo ato contrário ao direito decorrente de ação ou omissão voluntária, de negligência ou imprudência, o que pode violar e causar dano a outro, ainda que na esfera moral.

Do artigo mencionado, podemos entender que a **ação voluntária** é aquela com maior facilidade na identificação do dano, uma vez que há o elemento *vontade* na ação do sujeito, na prática do evento danoso. Na **omissão voluntária**, por sua vez, verifica-se o dano e se o agente deveria ter agido, mas deixou de fazer algo, o que ocasionou um prejuízo a terceiro. Essa situação se aplica quando a conduta do sujeito é contrária ao direito, pois viola os deveres objetivos de conduta de sua profissão (Tartuce, 2021).

A **negligência** é reconhecida como a ausência de cuidado ou precaução na prática de determinado ato, pois, se o sujeito agisse com zelo, o dano não seria configurado, a exemplo da falta de acompanhamento médico devido em situações de pós-operatório.

A **imprudência**, por sua vez, é a imprevisão do sujeito em relação às consequências de seu ato, ou seja, a ação imprudente se revela com a falta de cautela no modo de agir, como trafegar em alta velocidade em vias públicas (Gagliano; Pamplona Filho, 2018). Já a **imperícia** é identificada quando o sujeito que pratica o ato não está devidamente habilitado para fazê-lo. Nesse caso, o dano é o resultado imperfeito e contrário ao que se espera.

Além disso, configura como abuso de direito o ato ilícito violador identificado no art. 187 do Código Civil, o qual compreende a ação de modo excessivo pelo titular de direito, rompendo os limites impostos pela lei, como o credor que expõe o devedor ao ridículo (Schreiber, 2018).

Por fim, é importante esclarecer que não há ilicitude nos atos praticados no exercício regular de um direito, como a legítima defesa, a deterioração da coisa alheia ou a lesão à pessoa para remover perigo iminente.

— 6.3 —
Negócio jurídico

O negócio jurídico é o acordo de vontades na composição de interesses que se destina a uma finalidade específica. É analisado pela doutrina sob a ótica das seguintes teorias:

- **Teoria voluntarista** – Destaca a vontade como elemento principal e ela está apta a ensejar os efeitos desejados ao negócio jurídico.
- **Teoria objetivista** – Desconsidera o elemento volitivo, pautando-se na autorização advinda do direito, a qual tem seus efeitos na esfera jurídica.
- **Teoria estrutural** – O negócio jurídico é a manifestação da vontade atrelada a determinadas circunstâncias negociais. É a teoria predominante nos dias atuais (Fiuza, 2015).

Para nossa análise, faz-se necessária a utilização da estrutura da **escada ponteana**, que promove a análise dos elementos do negócio jurídico por meio de três planos, quais sejam:

Plano da existência

É composto pelos elementos essenciais da estrutura do negócio jurídico e compreende o conteúdo mínimo para verificar-se a existência do negócio jurídico, em que pese não ser positivado no Código Civil de 2002. Identificam-se como pressupostos de existência o agente, a vontade, o objeto e a forma. A ausência de apenas de um deles já qualifica o negócio jurídico como inexistente (Tartuce, 2021).

Plano da validade

Promove a análise dos elementos do negócio jurídico e sua adequação no ordenamento jurídico pátrio, verificando a capacidade do agente, a vontade ou o consentimento, a licitude do objeto e a adequação das formas.

Quanto à capacidade do agente, cabe retomar nossa análise sobre capacidade de fato e de direito: o direito não atribui a todas as pessoas a capacidade de fato e, assim, aos absolutamente incapazes, cabe a representação no que se refere ao contido na lei (Tartuce, 2021).

O consentimento válido é elemento diferenciador e tem grande importância na realização do negócio jurídico, pois reflete o consentimento e o interesse do agente. Destacamos que o consentimento deve ser livre e ausente de vício ou defeito que o influencie. O silêncio não é sinônimo de consentimento em nosso ordenamento pátrio e não deve ser visto como aceitação do negócio jurídico.

Além disso, o consentimento pode ser expresso de modo escrito ou verbal e de forma pública ou particular. Já o consentimento tácito se revela na conduta implícita do agente que se manifesta em concordância ou em anuência (Tartuce, 2021).

O segundo elemento do negócio jurídico é o objeto lícito, possível, determinado ou determinável, que consiste na possibilidade jurídica do objeto, ou seja, é possível quando for passível de comércio e torna-se lícito quando for admitido pelo direito e ilícito quando for proibido. Já o objeto determinado pode ser identificado por gênero, quantidade e qualidade. O determinável, por sua vez, pela quantidade e pelo gênero, mesmo que ainda não seja individualizado.

A forma prescrita ou não proibida em lei é outro elemento estrutural do negócio jurídico. Na esfera contratual, vigora o princípio da liberalidade das formas, entretanto esse princípio não é absoluto, pois se a lei determinar que tal ato deve tomar certa forma, esta deve ser observada (Figueiredo; Figueiredo, 2020). Portanto, a validade consiste na análise do ato em conformidade com as regras, ou seja, sem a presença dos elementos estruturantes, o negócio inexistirá.

Em contrapartida, considera-se inválido o ato jurídico que tenha defeitos, o qual é tido como nulo e anulável. Quando for nulo, decorrerá de violação a preceitos legais de ordem pública, que interessam a toda a coletividade e à própria pacificação social. Se for anulável, será resultado da ofensa a normas que tutelam interesses particulares.

Ademais, o negócio jurídico pode ser inexistente se houver alto grau de nulidade, e essa situação se faz tão notória que dispensa medida judicial para que o negócio seja declarado sem efeito.

Como podemos ver, a nulidade absoluta transcende os interesses dos sujeitos envolvidos no ato jurídico, e suas principais hipóteses estão previstas nos arts. 166 e 167 do Código Civil. A nulidade pode ser arguida pelas partes, por terceiros interessados, pelo Ministério Público ou pelo juiz, sendo garantido o contraditório; é imprescritível, em qualquer grau de jurisdição. Por fim, não admite convalidação (Schreiber, 2018).

Já a anulabilidade ou nulidade relativa é mais amena que a absoluta; pode ser instituída em favor da parte potencialmente prejudicada e ser alegada pelos interessados nos termos do art. 171 do Código Civil. Desse modo, o ato anulável se restringe aos interesses particulares e, portanto, não se opera de pleno direito. A anulabilidade pode ser arguida por via judicial, e a sentença é de natureza desconstitutiva com efeitos *ex nunc* e eficácia interpartes (Gagliano; Pamplona Filho, 2018).

Nos termos do art. 178 do Código Civil, o prazo decadencial para pugnar anulação do negócio jurídico é de quatro anos ou, excepcionalmente, de dois anos. A convalidação se revela com a possibilidade de as partes, por vontade expressa ou tácita, aproveitarem o negócio jurídico ou o ato anulável, sem prejuízo a terceiros, em atenção ao art. 172 do Código Civil.

Plano de eficácia

Possibilita a análise dos efeitos do negócio jurídico, sua repercussão no plano social e suas consequências práticas, extinguindo relações jurídicas.

Podemos verificar que os elementos dos planos da existência e da validade são diversos daqueles do plano da eficácia. Este último é que traduz as consequências concretas da celebração do negócio jurídico.

Por fim, a análise dos três planos do negócio jurídico é tarefa necessária ao operador do direito, que, ao atentar-se aos elementos da validade, primeiramente deve verificar se o negócio é existente. O plano da eficácia somente será contemplado se o negócio jurídico for eficaz, o que de fato nem sempre ocorre, a exemplo de negócio jurídico anulável que esteja surtindo efeitos (Tartuce, 2021).

— 6.4 —
Elementos acidentais do negócio jurídico

Em regra, o negócio existente e válido produz efeitos desde logo. Entretanto, há situações em que o negócio jurídico apresenta algum elemento acidental ou acessório, tais como condição, encargo, termo ou modo.

A **condição** é o elemento acidental do negócio jurídico que se revela pela intenção volitiva do sujeito e acarreta um evento futuro e incerto, nos termos do art. 121 do Código Civil (Gagliano; Pamplona Filho, 2018). Na doutrina, temos uma série de classificações para a condição:

- **Quanto à licitude** – A condições pode ser **lícita**, por atender à lei e aos bons costumes, e **ilícita**, por se oporem à lei, aos bons costumes e à ordem pública.

- **Quanto à possibilidade** – É **possível** aquela condição que pode ser prontamente realizada e não influi na validade do negócio jurídico, a exemplo da entrega de um bem móvel ao comprador. Já a condição **impossível** é aquela que não pode ser cumprida, o que influi diretamente na validade do ato e em sua nulidade absoluta, como a aquisição de um terreno na Lua.

- **Quanto à origem** – A condição pode ser **casual**, se advinda de eventos naturais em fatos jurídicos, ou **potestativa**, se originada da vontade do agente. Há ainda a condição **mista**, que depende da vontade acrescida de um evento natural.

- **Quanto aos efeitos** – Há, por convenção das partes, o estabelecimento de cláusulas que impõem condição, termo ou encargo a um negócio jurídico. Entretanto, se avençadas entre as partes, as cláusulas tidas inicialmente como facultativas terão igual valor aos elementos legalmente fixados.

A condição confere, ao titular de direito, um direito eventual que depende de evento futuro e incerto na formalização do negócio jurídico. Para tanto, deve estar acompanhada das conjunções ou pode suspender os efeitos do ato, como assevera o art. 130 do Código Civil. Em síntese, a palavra que identifica a condição é *se*.

O **termo** é o elemento acidental do negócio jurídico, condicionado a evento futuro e certo, ou seja, é o momento em que o negócio jurídico tem seu início e seu fim. Nesse caso, destacamos o uso das expressões *dies a quo* para configurar **dia inicial** e *dies ad quem* para determinar o **dia final** (Gagliano; Pamplona Filho, 2018).

Nesse contexto, *termo e prazo* não se confundem. **Prazo** é o lapso temporal compreendido entre os termos inicial e final, como disposto no art. 132 do Código Civil, e é fixado em horas, dias, meses e anos.

Estabelecido pela lei, o termo é classificado como **legal**, a exemplo do prazo para abertura do inventário. Quando decorre da vontade, o termo é classificado como **convencional**.

O termo é **certo** quando se tem ciência da data de fim do negócio jurídico celebrado, tal como um contrato de locação pelo prazo de um ano. Ao contrário, se não há data definida para o evento, mas se sabe que ocorrerá, o termo é **incerto**.

Além disso, o termo pode ser **essencial**, se vincular o momento ao efeito pretendido; **ineficaz**, se não for realizado no ato, como a entrega de um bolo para festa de aniversário; e **não essencial**, se admitir o cumprimento após seu vencimento (Schreiber, 2018).

Os negócios jurídicos que não apresentem termo passam a ter sua exigibilidade imediata, ressalvadas as possibilidades de ser entregue o objeto em local diverso e a depender do tempo, em atenção ao art. 134 do Código Civil. Como exemplo, temos a entrega de produtos advindos de outros estados da Federação. Isso significa que o termo depende de evento futuro e certo, na formalização do negócio jurídico estará acompanhado da conjunção *quando* e poderá suspender os efeitos do ato.

Outro elemento acidental do negócio jurídico é o **modo** ou **encargo** que acarreta uma restrição em usufruir certo benefício estipulado. O encargo não suspende a aquisição nem o exercício do direito, desde que o contrato disponha sobre a regra de modo divergente (Tartuce, 2021). É tido como cláusula acessória, oriunda da liberalidade de atos interivos ou *causa mortis*, por exemplo, a doação, o testamento ou o legado. Esse elemento é comumente encontrado nos dois últimos exemplos, pois o beneficiário (herdeiro ou legatário) tem um ônus a ser cumprido.

Como podemos ver, o encargo é coercitivo, e o beneficiário por vezes é constrangido a realizá-lo sob pena de anulação da liberalidade. Em síntese, podemos reconhecer o encargo se estiver presente a conjunção *mas* nas disposições.

Por derradeiro, o modo ou encargo é pautado na liberalidade que gera um ônus, identificado pelos termos *para que* e *com o fim de* e não suspende a eficácia do negócio jurídico. Entretanto, se o encargo não for cumprido, caberá revogação (Tartuce, 2021).

— 6.5 —
Prova do negócio jurídico

Sob o prisma histórico, as relações negociais não tinham, em sua origem, o formalismo necessário. Prova disso é a máxima popular "No fio do bigode", empregada para traduzir a celebração de um contrato verbal.

Sem dúvida, a vontade é imperativa nas celebrações dos negócios jurídicos, e essa conduta se reflete na forma de contratação, a qual, em regra, ocorre de modo livre. Entretanto, há negócios jurídicos que são solenes e dependem de uma série de atos para sua validade, com a intenção de obstar qualquer vício e facilitar sua comprovação.

A **confissão** é tida como um dos elementos comprobatórios do negócio jurídico e se revela pela admissão da ocorrência de um fato, podendo ser expressa ou presumida. É ato absolutamente pessoal e, quando feita por uma parte, não tem o condão de prejudicar as demais do processo (Gagliano; Pamplona Filho, 2018).

Destacamos que a confissão é tida como a "rainha das provas", pois é irrevogável, nos termos do art. 214 do Código Civil. Entretanto, pode ser anulada se for decorrente de coação, por exemplo.

Outro meio de prova do negócio jurídico é o **documento**, visto como a representação materializada de um fato jurídico. O documento pode ser físico ou digital. Como meio de prova, pode ser público ou particular, a exemplo de certidões, livros-caixas, cartões de banco e *e-mails* (Figueiredo; Figueiredo, 2020).

A **prova testemunhal** corresponde a declarações de uma parte ou de uma testemunha sobre determinado acontecimento. A testemunha pode ser instrumental ou judicial: a primeira atesta a autenticidade do documento, como em um contrato de compra e venda; a segunda é chamada aos autos para discorrer sobre determinado fato, sem emitir opinião técnica e até mesmo pessoal sobre o ocorrido (Tartuce, 2020).

O ordenamento pátrio admite a **presunção** como meio de prova do negócio. Esta é reconhecida como um modo indireto de se provar a ocorrência de um fato, ou seja, presume-se a ocorrência de um fato incerto com base em um fato certo. Quanto à origem, a presunção pode ser classificada da seguinte forma:

- **Presunção comum** – Extraída do cotidiano dos envolvidos.
- **Presunção legal** – Imposta pela lei. Pode ser **absoluta** (não se admite prova em contrário) ou **relativa** (admite-se prova em contrário).

No ordenamento pátrio, temos duas hipóteses de presunção relativa:

1. Presunção de paternidade dos filhos advindos na constância do casamento, já que o registro civil do nascituro é lavrado com o patronímico paterno. Sobrevindo dúvidas acerca da paternidade, será realizada ação negatória.
2. Comoriência, utilizada quando duas pessoas que tenham vínculo sucessório venham a falecer no mesmo evento. Essa situação admite prova em contrário (Tartuce, 2021).

Compreendemos por **perícia** a prova técnico-científica realizada por auxiliar da justiça (perito), nomeado para esse fim pelo juízo ou pelas partes. Sem dúvida, essa prova é fundamental em determinadas situações, como na indenização por falha na construção de um imóvel. É importante citar que as partes podem questionar a nomeação do perito, bem como nomear assistente técnico para acompanhar o exame, a vistoria e até mesmo a avaliação.

— 6.6 —
Classificação do negócio jurídico

Sem dúvida, o **negócio jurídico** é um dos temas mais relevantes do direito privado. Ele pode ser classificado da seguinte forma:

- **Quanto à declaração de vontade**:
    - Negócio jurídico unilateral – É expressão da vontade de um único sujeito que independe da vontade de outrem para que surta efeitos no ordenamento jurídico, a exemplo do testamento.
    - Negócio jurídico bilateral – Advém da vontade de mais de um sujeito e exige consensualismo das partes.
    - Negócio jurídico plurilateral – Deriva de vontades distintas voltadas a um interesse comum. A pluralidade de pessoas não se confunde com os polos do contrato (Tartuce, 2021).

- **Quanto aos benefícios**:
  - Negócio jurídico gratuito – Há enriquecimento patrimonial de uma das partes, a exemplo da doação, sem qualquer contraprestação.
  - Negócio jurídico oneroso – Tem-se proveito econômico recíproco, garantindo vantagens às partes, por exemplo, o contrato de compra e venda.
  - Negócio jurídico bifronte – Contrato que alterna de acordo com a vontade das partes, podendo ser gratuito ou oneroso, a exemplo do contrato de depósito.
  - Negócio jurídico neutro – Não tem atribuição patrimonial, pois consiste em destinar um bem a algo específico, como a doação de sangue (Figueiredo; Figueiredo, 2020).
- **Quanto às formalidades**:
  - Negócio jurídico formal ou solene – Para sua existência, deve obedecer à forma especial prescrita em lei, sob pena de nulidade absoluta, a exemplo do testamento.
  - Negócio jurídico não solene – Não exige forma legal para que ocorra sua efetivação, como assevera o art. 107 do Código Civil.
  - Negócio jurídico real – Presente nas modalidades de negócios jurídicos em que se exige a efetiva entrega do bem, conhecida como *tradição*, por exemplo, a compra e venda de bem móvel.

- Negócio jurídico consensual – Revela-se pela manifestação da parte livre e consciente (Gagliano; Pamplona Filho, 2018).

- **Quanto à causa:**
  - Negócio jurídico causal – Decorre de uma circunstância específica, sem a qual as partes não avençariam.
  - Negócio jurídico não causal – Acontece sem motivo determinante. No entanto, a apresentação de um falso motivo para a realização do negócio jurídico o torna anulável, em atenção ao disposto no art. 140 do Código Civil.

- **Quanto ao alcance:**
  - Negócio jurídico interpartes – Os efeitos se refletem somente entre as partes; é a regra no ordenamento jurídico.
  - Negócio jurídico transindividual – Transcende os interesses subjetivos dos celebrantes, como um Termo de Ajustamento de Conduta (TAC) para evitar a ação poluente de um rio.

- **Quanto ao conteúdo:**
  - Negócio jurídico patrimonial – Versa sobre questões suscetíveis de aferição econômica, a exemplo do contrato de prestação de serviços.
  - Negócio jurídico extrapatrimonial – Versa sobre questões relacionadas aos direitos personalíssimos e ao direito de família.

- **Quanto ao tempo da celebração e seus efeitos**:
  - Negócio jurídico intervivos – Produz efeito desde logo, por exemplo, o contrato de mútuo.
  - Negócio jurídico *causa mortis* – Condicionado à morte de uma das partes. Seus efeitos ficam suspensos até a morte do sujeito, como se dá no caso do testamento.

Ainda sobre o tema, merece destaque a aplicação de princípios na interpretação do negócio jurídico, conforme as diretrizes do Código Civil de 2002: eticidade, socialidade e operabilidade.

Não obstante, para interpretação do negócio jurídico, pode ser aplicado o **princípio da prevalência da intenção dos agentes**, no qual se busca, por declaração escrita, o meio de se verificar a vontade dos envolvidos. Todavia, a vontade do agente prevalece sobre o escrito quando for suscitada dúvida sobre a cláusula e for alegado pelo sujeito que o avençado não expressa fielmente sua vontade, nos termos do art. 112 do Código Civil (Schreiber, 2018).

Outro princípio que permeia os negócios jurídico é o da **boa-fé**, o qual ressalta a importância dos contratantes em agir com lealdade, seja no ato da proposta, seja no cumprimento, seja no pagamento. Assim, é necessário interpretar todo e qualquer negócio pela ótica da boa-fé objetiva e dos princípios constitucionais necessários para o exercício das atividades privadas, entre os quais se destacam a dignidade da pessoa humana, a livre iniciativa privada, a solidariedade social e a igualdade substancial (Farias; Rosenvald, 2011).

A análise da **representação nos negócios jurídicos** é tema de grande importância em nossos estudos, ao considerar que a regra é que tais negócios sejam realizados de modo pessoal e direto pelos interessados, e sobre estes é que incidirão os efeitos. No entanto, no deslinde da vida, por variados motivos, surge a necessidade de que uma pessoa atue no lugar de outra, permitindo a celebração de negócios jurídicos como se ali estivesse pessoalmente. Nesse contexto, podemos identificar o instituto da representação como forma de exteriorização de vontade, a qual é elemento de validade do negócio jurídico.

A representação do negócio jurídico pode ocorrer da seguinte forma:

- **Representação direta ou indireta** – A **representação direta** é aquela em que o representante celebra o negócio jurídico substituindo o representado. Na **representação indireta**, o representante age em próprio nome, mas em interesse de outrem, a exemplo do contrato de corretagem (Gagliano; Pamplona Filho, 2018).
- **Representação legal ou convencional** – A **representação legal** decorre da lei, como se dá com os pais em atenção à incapacidade dos filhos ou os curadores em atenção às restrições do curatelado. Por sua vez, a **representação convencional** é aquela realizada por acordo das partes, em atenção ao disposto no art. 120 do Código Civil.
- **Representação voluntária** – Revela-se por meio de procuração, a qual outorga poderes para que outrem represente o interessado, conforme prevê o art. 653 do Código Civil. Cabe

ao representante respeitar os limites a ele conferidos, sob pena de anulabilidade do negócio jurídico.

- **Representação sem mandato** – É o caso do contrato de agência, no qual o proponente confia poderes ao agente para representá-lo, sem a indicação expressa de mandato (Tartuce, 2021).
- **Autocontrato** – Uma única pessoa figura na formação do contrato, como proponente e como aceitante, atuando simultaneamente como ambas as partes do acordo. Nos termos do art. 117 do Código Civil, salvo se a lei permitir, o autocontrato é anulável. Nesse sentido, o legislador impõe a anulação como forma de coibir o aproveitamento de forma indevida pelo contratante (Schreiber, 2018).

Ainda sobre o tema, podemos destacar o conceito de **representação aparente**, na qual uma pessoa atua como se estivesse revestida dos poderes de outrem, sem sê-lo de fato. Em tais casos, com base na leitura do art. 116 do Código Civil, entende-se ser possível a representação independente da vontade do representado, comportando o debate somente no plano da eficácia do negócio jurídico.

Se houver conflito de interesses entre representante e representado, o art. 119 do Código Civil prevê a causa de anulabilidade. Essa hipótese se apresenta quando o representado verifica que seu representante não agiu de acordo com todos os ditames solicitados. Nesse caso, há o prazo decadencial de 180 dias para requer a anulabilidade do negócio jurídico (Tartuce, 2021).

— 6.7 —
Defeitos do negócio jurídico

A vontade é o elemento fundamental para que atos e negócios jurídicos se efetivem, visto que traduz o que se deseja com a celebração do ato. Para tanto, essa vontade deve ser apresentada de modo livre, espontâneo e claro para que se obtenham do negócio jurídico todos os efeitos desejados.

Assim, caso a vontade não seja manifestada da forma livre, o negócio jurídico celebrado pode ser nulo ou passível de anulação. Isso significa que a análise do plano da validade do negócio comporta as hipóteses de nulidades, presentes nos arts. 166 e 167 do Código Civil, e também de anulabilidades, conforme o art. 171 do Código Civil; ambas as espécies são reconhecidas como gênero de invalidade do negócio jurídico (Farias; Rosenvald, 2011).

De modo breve, a nulidade se identifica por violar interesses públicos. Sua proteção interessa a todos, pois é necessária para a manutenção da ordem social, podendo ser aleada por qualquer pessoa, e inclusive cabe o reconhecimento desta pelo magistrado de ofício. Já a anulabilidade é vicio de menor gravidade, atrelado ao interesse de particulares, por isso cabe somente aos interessados o reconhecimento da anulabilidade.

No quadro a seguir, podemos observar as distinções entre as espécies de invalidades.

Quadro 6.1 – Diferenças entre nulidade e anulabilidade

Nulidade	Anulabilidade
Razões de ordem pública.	Razões de ordem privada.
Pode ser declarada de ofício pelo juiz, a requerimento do Ministério Público e de qualquer interessado.	Somente os interessados podem pleitear.
Não é suscetível de confirmação.	É suscetível de confirmação.
Reconhecida por ação declaratória.	Reconhecida por ação desconstitutiva, sujeita a prazo decadencial.
Não se convalesce com o tempo.	Tem prazo decadencial de quatro anos.
Não produz efeitos.	Os efeitos perduram enquanto o negócio jurídico não for anulado.

O **vício de consentimento** se revela como aspecto interno do negócio jurídico, pois a vontade do agente é maculada e diverge de sua real intenção, por erro, dolo, coação, lesão e/ou estado de perigo.

Os defeitos do negócio jurídico são considerados *numerus clausus*, ou seja, é vedada qualquer interpretação extensiva ao caso.

Agora, vejamos os vícios de consentimento como defeitos do negócio jurídico:

- **Erro** – É a falsa ideia da realidade, o que acarreta a percepção inexata da situação das coisas. Por esse motivo, o sujeito acredita que se trata de uma coisa, quando na verdade, trata-se de outra. O erro pode ser substancial quando é a razão determinante do negócio jurídico. O art. 139 do Código Civil lista as hipóteses de erro **substancial**. Em tais casos, existe a possibilidade de o negócio jurídico ser anulável. Já o erro **acidental** se revela na indicação da pessoa ou da coisa de modo equivocado, o que pode ser modificado se for identificada posteriormente a pessoa ou coisa que se almejava. Tais situações não ensejam a anulabilidade do negócio jurídico (Figueiredo; Figueiredo, 2020).

No rol do art. 139 do Código Civil, ainda se destacam:

- *Error in negotio* – Quando o sujeito deseja realizar determinado negócio, mas ao final realiza algo diverso ao desejado.
- *Error in corpore* – Recai sobre o objeto do negócio jurídico, a exemplo da pessoa que adquire um bem imóvel acreditando situar-se no local desejado e verifica que se trata de outro local.
- *Error in persona* – Recai sobre a pessoa com quem se celebra o negócio jurídico e está atrelado a nome, boa-fama, honra e defeito físico irremediável, a exemplo de uma pessoa que celebra o casamento e desconhece um defeito físico irremediável do outro.
- Erro de direito – Equívoco quanto ao alcance da norma, por exemplo, a aquisição de um imóvel para edificar e ter a obra embargada por situar-se em área de preservação ambiental

O legislador permitiu a conservação do negócio jurídico anulável por erro, nos termos do art. 144 do diploma civil.

- **Dolo** – Erro provocado por indução maliciosa, ou seja, o agente declarante da vontade não cai em erro sozinho, mas é induzido a praticar ato que não seja de sua real vontade. O Código Civil disciplina os tipos de dolo nos arts. 145 a 150. Cabe a quem alega a comprovação do ato praticado com dolo.

  Da mesma forma que o erro, o dolo provoca a anulabilidade do ato. Pode ser classificado em:

  - Dolo principal – É a causa determinante do negócio jurídico. Em tais casos, o agente é induzido a realizar o ato, ou seja, é persuadido para tanto, pois, se não fosse maliciosamente influenciado, não teria realizado o negócio.
  - Dolo acidental – Não é a causa do ato, já que o sujeito celebraria o negócio sem a intervenção maliciosa de outrem. Nos casos de dolo acidental, o negócio jurídico não é anulável, mas obriga a parte que enganou ao ressarcimento da vítima por perdas e danos.
  - *Dolus bônus* – Prática corriqueira no comércio, mas que não tem a intenção de prejudicar o agente.
  - *Dolus malus* – Prática de iludir com a intenção de prejudicar a parte.
  - Dolo por omissão – Ausência de informação necessária para a celebração do negócio jurídico, a exemplo da venda de um veículo que se afirma estar em bom estado de conservação, mas que já foi sinistrado.

- **Dolo recíproco** – Presente na conduta de ambas as partes, não sendo permitido a nenhuma deles pugnar pela anulabilidade ou pela indenização (Tartuce, 2021).
- **Coação** – Pressão física ou psicológica usada contra o sujeito de modo a obrigá-lo, contrariando sua vontade de realizar determinado ato. É disciplinada pelos arts. 151 a 155 do Código Civil. Em análise mais ampla, a coação deve ser capaz de levar o sujeito ao temor de dano a si, a sua família ou a seu patrimônio. A coação pode ser **absoluta**, oriunda de violência física para obrigar uma pessoa a realizar o negócio jurídico, isto é, sem consentimento da vítima, o que torna o ato nulo. Já a coação **relativa** se dá mediante a prática de violência psicológica ou moral. É importante citar que há requisitos para a identificação da coação relativa, tais como: nexo de causalidade, intensidade da coação grave, injusta e atual e ameaça de prejuízo (Figueiredo; Figueiredo, 2020).
- **Lesão** – Esse vício é identificado quando uma pessoa, sob premente necessidade ou por inexperiência, obriga-se à prestação manifestamente desproporcional ao valor da prestação oposta, como assevera o art. 157 do Código Civil. Se analisarmos o artigo mencionado, poderemos constatar que, para identificar lesão no negócio jurídico, é preciso que existam dois requisitos:
    - **Requisito objetivo** – Referente à onerosidade da prestação sustentada por uma das partes da relação, ou seja,

por conta da onerosidade excessiva, há um desiquilíbrio entre a prestação e a contraprestação.

- Requisito subjetivo – Relacionado com a pessoa que compõe a relação jurídica, por conta de sua inexperiência ou de necessidade imediata (Schreiber, 2020).

Assim, configurada a lesão, admite-se uma revisão do negócio jurídico, com a busca da equivalência contratual ou até a anulação.

- **Estado de perigo** – Situação em que o agente, mediante grave estado de perigo, seu ou de sua família, assume obrigação desproporcional e excessiva, e essa necessidade é conhecida pela outra parte. Esse instituto é semelhante ao estado de necessidade, o qual tem previsão no Código Penal – Lei n. 2.848, de 7 de dezembro de 1940 (Brasil, 1940). Em que pese o estado de perigo tenha semelhança com a lesão, os dois não se confundem. No estado de perigo, o risco é pessoal e é contraída uma obrigação deveras exorbitante, pois uma das partes tem o interesse de aproveitamento.

O art. 178 do Código Civil afirma que é de quatro anos o prazo decadencial para a anulação do negócio jurídico, que começa a contar no dia em que a coação cessar. Em situações de erro, dolo, fraude contra credores, estado de perigo ou lesão, o prazo começa a contar do dia em que se realizou o negócio jurídico (Fiuza, 2015).

A doutrina aponta ainda os **vícios sociais do negócio jurídico**, aqueles contrários ao direito, pois a vontade não é objeto de análise, mas os efeitos, que são contrários ao que se espera no convívio social harmônico:

- **Fraude contra credores** – Ocorre quando o devedor, mesmo insolvente, deseja celebrar outros negócios jurídicos, causando prejuízos aos credores. Insolvente é a pessoa que já não possui patrimônio nem condições econômicas de adimplir, de pagar o que deve (Gagliano; Pamplona Filho, 2018). Portanto, a fraude contra credores é evidente quando o devedor não tem como cumprir a prestação e se desfaz de seu patrimônio, tornando-se insolvente.

Trata-se de **requisito objetivo** da fraude contra credores a diminuição do patrimônio de modo a gerar a insolvência. Entretanto, a mera diminuição do patrimônio, por si só, não enseja a fraude contra credores. Além disso, a flagrante má-fé do devedor ao dilapidar o próprio patrimônio para causar prejuízo ao credor configura o **requisito subjetivo**.

No mais, importa dizer que tais requisitos são cumulativos e devem ser utilizados como norteadores no caso concreto, para que se identifique a fraude contra credores (Schreiber, 2018). Estabelecida a fraude, cabe a anulação do ato e a propositura de ação pauliana, cujo prazo decadencial é de quatro anos a contar da conclusão do negócio jurídico, em atenção ao disposto no art. 178 do diploma civil.

Por derradeiro, a fraude contra credores se diferencia de outros tipos de fraude, como a fraude à lei e a fraude à execução, cada qual com sua disciplina legal.

- **Simulação** – É a celebração de negócio jurídico que aparentemente produz um efeito jurídico, mas, na realidade, produz outro. Esse vício se configura pela ação ardilosa do agente com a intenção de ludibriar a vítima.

Como podemos perceber, a simulação é bilateral e deve refletir a divergência intencional entre as vontades dos envolvidos. Pode ser classificada em:

- Simulação absoluta – Não visa à produção efeitos interpartes, almejando tão somente prejudicar terceiros.
- Simulação relativa – Tem a intenção de simular um negócio jurídico para esconder a realização de outro, cujos efeitos seriam vedados pela lei (Tartuce, 2020).

A simulação pode ser reconhecida pelo juiz de ofício ou por requerimento das partes, mediante contraditório. Se reconhecida, tem-se a nulidade absoluta do ato.

Como mencionamos anteriormente, o negócio jurídico é reflexo da vontade das partes para criar, conservar, extinguir ou modificar uma relação jurídica. Em linhas gerais, os fatos jurídicos não têm aplicação restrita ao direito civil, posto que o Código de Processo Civil – Lei n. 13.105, de 16 de março de 2015 (Brasil, 2015a) – admitiu o autorregramento da vontade (Figueiredo; Figueiredo, 2020).

Assim, o negócio jurídico processual é visto como ato jurídico voluntário que reconhece a capacidade do sujeito de regular em situações jurídicas e processuais específicas, segundo os ditames legais. O Código de Processo Civil de 2015, assim como seu antecessor, regula os negócios jurídicos processuais típicos, como a escolha do mediador (art. 168) e a convenção de arbitragem (art. 3º, parágrafo 1º), entre outros.

A inovação legislativa advinda do Código de Processo Civil de 2015 é a possibilidade do negócio jurídico atípico, que tem o princípio da cooperação como basilar, exigindo maior participação dos envolvidos no processo, assegurando a celebração de negócios processuais atípicos (Didier Júnior, 2016).

A atipicidade deriva exatamente da possibilidade de o negócio jurídico processual não encontrar previsão na norma processual. Portanto, os negócios jurídicos processuais atípicos derivam do legítimo poder de autorregramento da vontade dos sujeitos, nos termos do art. 190 do Código de Processo Civil. Contudo, um olhar atento deve ser lançado sobre as celebrações dos negócios jurídicos processuais atípicos a fim de evitar atos inválidos ou contrários aos princípios constitucionais ou de ordem pública.

No que tange à validade, os negócios jurídicos processuais exigem agente capaz, objeto lícito possível e determinável e forma prescrita ou não em lei. Outrossim, o negócio jurídico processual exige que o direito material em questão admita autocomposição e veda a inserção de cláusulas abusivas em contratos de adesão (Didier Júnior, 2016).

Quanto à capacidade das partes na celebração de negócios jurídicos processuais, o entendimento é pela capacidade processual, nos moldes dos arts. 70 a 73 do Código de Processo Civil. Ou seja, toda pessoa que se encontre no exercício de seus direitos tem capacidade para estar em juízo.

A incapacidade absoluta se restringe ao menor de 16 anos de idade, em atenção à mudança provocada pelo Estatuto da Pessoa com Deficiência – Lei n. 13.146, de 6 de julho de 2015 (Brasil, 2015b) –, o qual alterou os arts. 3º e 4º do Código Civil.

As pessoas jurídicas participam por meio de representantes com poderes para tanto (Figueiredo; Figueiredo, 2020).

Além disso, é importante analisar se a parte não se encontra em situação de vulnerabilidade, a qual consiste na limitação cultural de saúde e até mesmo na ausência de procurador. Assim, para a celebração do negócio processual é necessário auferir o nível de informação e compreensão das partes.

Quanto ao objeto, surge o questionamento sobre se todo e qualquer direito admite negociação. O art. 190 do Código de Processo Civil afirma que é lícito às partes estipular acordos quando o processo versar sobre direitos que admitam autocomposição. A forma do negócio jurídico processual não foi definida pelo Código de Processo Civil, o que motiva a divergência doutrinária sobre tal requisito. No mais, a corrente majoritária recomenda a realização na forma escrita e, caso seja firmado no deslinde processual, pode ser realizado mediante protocolo de acordo ou em audiência na forma oral (Didier Júnior, 2016).

Sem dúvida, a grande importância do negócio jurídico processual está justamente na exposição da vontade das partes em agir de acordo com seus interesses, norteadas pela boa-fé objetiva e pelos usos do lugar em que se celebra o ato.

O negócio jurídico processual promove uma flexibilização procedimental, com a redução ou a ampliação dos prazos processuais e a fixação de um calendário processual de acordo com seus interesses, desde que observado pelo magistrado (Tartuce, 2021). Não afasta, de forma alguma, o modelo constitucional do processo civil e não influencia a atuação da função jurisdicional do magistrado. Essas garantias permanecem sólidas e devem ser respeitadas por todos.

Para reflexão

O estudo do negócio jurídico tem grande importância no direito privado, em especial as situações em que é identificado o vício de consentimento ou social. Na prática, uma das questões mais debatidas pelos operadores do direito é o conjunto comprobatório para a configuração do defeito do negócio jurídico.

Nesse sentido, destacamos o julgado sobre erro:

> EMENTA: APELAÇÃO CÍVEL – AÇÃO PARA RECONHECIMENTO DE INEXISTÊNCIA DE DÉBITO C/C RESTITUIÇÃO DE VALORES E INDENIZAÇÃO POR DANOS MORAIS – PRELIMINAR DE RAZÕES DISSOCIADAS – REJEIÇÃO – CARTÃO DE CRÉDITO CONSIGNADO – VÍCIO DE CONSENTIMENTO – ERRO SUBSTANCIAL – HIPERVULNERABILIDADE – PACTUAÇÃO

INVÁLIDA – DESCONTOS EM FOLHA DE PAGAMENTO – RESTITUIÇÃO DOS VALORES – REPARAÇÃO POR DANO MORAL – PREJUÍZO CONFIGURADO – INDENIZAÇÃO – CRITÉRIOS DE ARBITRAMENTO.

- Havendo o Recorrente se insurgido de forma específica quanto aos fundamentos da Sentença impugnada, não há que se falar em violação ao Princípio da Congruência.

- A força obrigatória dos Contratos cede às máculas que recaem sobre a manifestação volitiva, que têm o condão de tornar nulo ou anulável o negócio jurídico, o que ocorre nas hipóteses de erro, dolo, coação, estado de perigo, lesão e fraude.

- Quando comprovadamente realizada com vício de consentimento, a avença é passível de anulação.

- As pessoas jurídicas prestadoras de serviços respondem, objetivamente, por prejuízos decorrentes de falha na consecução de suas atividades, por se tratar de responsabilidade oriunda do risco do empreendimento.

- A retenção de parcelas (RMC), mediante consignações mensais em folha de pagamento, com base em inválida e anulada contratação de Empréstimo Pessoal/Cartão de Crédito, autoriza o reconhecimento da nulidade do negócio jurídico, com a restituição em dobro dos respectivos valores, a teor do que dispõe o parágrafo único, do art. 42, do CDC.

- Essas condutas ilegais atentam contra o Sistema de Proteção ao Consumidor e materializam práticas abusivas e deflagradoras de dano moral, especialmente considerando a hipervulnerabilidade do Postulante.

- No arbitramento do valor indenizatório devem ser observados os critérios de proporcionalidade e razoabilidade, em sintonia com o ato lesivo e as suas repercussões.

- A reparação pecuniária não pode servir como fonte de enriquecimento do indenizado, nem consubstanciar incentivo à reincidência do responsável pela prática do ilícito. (Minas Gerais, 2021a)

Quanto aos vícios sociais, evidenciamos que a simulação e a fraude contra credores são temas recorrentes nos tribunais pátrios:

ATO JURÍDICO

– Ação objetivando anular compra e venda de imóvel efetivada pelo autor e posterior transmissão do mesmo bem a terceiros – Alegada simulação, por não corresponder o texto das escrituras à real vontade das partes – Pleito julgado improcedente em Primeiro Grau – Inconformismo do vencido – Alegado cerceamento de defesa, pelo indeferimento do pleito de produção de prova pericial e oral – Descabimento–Inutilidade das providências ante a natureza da causa e das razões expostas como fundamento do aventado vício de vontade – Provas indiciárias dos autos que não revelam a aventada simulação que, se existisse, foi efetivada ainda no próprio interesse do demandante, não justificando o decurso do prazo de mais de onze anos para discuti-la – Não reconhecida, ademais, a existência de mácula no primeiro negócio, no qual participou o demandante, perde este legitimidade para apontá-lo naquele subsequente, que não contratou – Recurso desprovido. (São Paulo, 2021e)

Com base nos julgados apresentados, reiteramos a importância do tema, pois afeta as relações jurídicas patrimoniais estabelecidas no cotidiano das pessoas. Em razão disso, é relevante que, na prática, o operador do direito oriente, em sua área de atuação, as pessoas leigas sobre o assunto, demonstrando como a vontade é elemento relevante na celebração de um contrato.

Capítulo 7

Prescrição e decadência

Sem dúvida, uma das questões mais debatidas no direito é a formação do conjunto probatório para alegação do vício de consentimento ou social. Afinal, como vimos anteriormente, se uma das partes for prejudicada, poderá exercer seu direito pleiteando a nulidade ou a anulabilidade do negócio jurídico (Schreiber, 2018).

Disso decorre o seguinte questionamento: Há limite de tempo para exercer essa pretensão? A resposta vem do brocardo latino: "O direito não socorre aos que dormem". Portanto, a observância do tempo é imprescindível no exercício do direito.

Desse modo, existindo insatisfação das partes quanto ao negócio celebrado, não basta somente o conjunto probatório se o titular da pretensão deixar de observar o prazo previsto em lei para efetivar seu direito (Tartuce, 2021).

— 7.1 —
Noções introdutórias

O direito e o tempo caminham juntos, e este último é capaz de efetivar, modificar e extinguir aquele. Prova disso é o instituto do usucapião como forma de se adquirir uma propriedade, que tem como requisito o tempo de posse.

O tempo é condição importante no exercício da capacidade civil plena. Afinal, os menores ansiosamente contam o tempo para atingir a maioridade. O tempo não visa à perpetuidade das relações, mas à promoção de uma garantia no meio social, evitando os conflitos e as pretensões individuais (Figueiredo; Figueiredo, 2020).

Assim, o exercício do direito, na esfera material e processual, com determinante de prazo, é forma de disciplinar comportamentos. Por tal motivo, o ordenamento pátrio adotou os prazos de prescrição e de decadência para promover maior estabilidade nas relações jurídicas e sociais (Gagliano; Pamplona Filho, 2018).

O debate sobre prescrição e decadência é objeto de muitas controvérsias, que vão desde suas naturezas, passam por suas extensões e chegam à diferenciação dos conceitos. Assim, a distinção entre eles deve ser analisada em consonância com o direito tutelado, e os prazos prescricionais são trazidos nos arts. 205 e 206 do Código Civil – Lei n. 10.406, de 10 de janeiro de 2002 (Brasil, 2002) –, que deixa os prazos decadenciais dispersos (Schreiber, 2018).

É evidente a preocupação do legislador quanto aos institutos da prescrição e da decadência, pois afetam todas as esferas do direito privado. Entretanto, o disposto no Código Civil nem sempre é suficiente, já que nem todas as situações estão previstas, o que dificulta a possibilidade de apontar qual instituto deve ser aplicado.

E, afinal, o que é **prescrição**? Segundo Figueiredo e Figueiredo (2020, p. 494), é o "instituto que ataca o direito ao exercício de pretensões relativas a direitos patrimoniais e disponíveis, se não exercidas durante certo lapso de tempo e que atingem uma ação condenatória".

Como podemos ver, as ações condenatórias são prescritíveis por terem a pretensão de dar e fazer ou não fazer, refletindo a pretensão do autor, que é que o réu seja condenado a uma prestação.

As pretensões relacionadas a direitos indisponíveis e extrapatrimoniais são imprescritíveis, pois o que se almeja é a declaração da existência ou não de um direito, por isso não há qualquer outro efeito desejado.

Por sua vez, a **decadência** é o "instituto que ataca o direito potestativo não exercido em dado lapso de tempo, atingindo uma ação constitutiva, positiva ou negativa" (Figueiredo; Figueiredo, 2020, p. 495). A natureza das ações constitutivas/desconstitutivas é potestativa, pois visam à modificação de um estado jurídico. Nesse caso, o direito não exercido em seu tempo decai.

Sem dúvida, podemos afirmar que os institutos da prescrição e da decadência garantem a segurança e a certeza acerca da limitação de tempo para o exercício e a exigibilidade dos direitos, atribuindo maiores consequências àqueles que foram inertes (Tartuce, 2021).

— 7.2 —
Prescrição: conceito e requisitos

A prescrição é a perda de uma pretensão ligada a um direito disponível, patrimonial e subjetivo, oriundo de demanda condenatória. Ou seja, corresponde à possibilidade de exigir de alguém o cumprimento de determinada obrigação, assegurando o direito de exigir em juízo o cumprimento da prestação.

São quatro os requisitos para se configurar a prescrição (Tartuce, 2021):

1. existência de pretensão relativa a direito subjetivo, patrimonial e disponível;
2. inércia do titular de direito, sem propositura de ação;
3. inércia pelo decurso do tempo;
4. ausência de fatores que interfiram no prazo prescricional.

Portanto, a prescrição está ligada ao direito subjetivo, ou seja, aquele que exige intervenção judicial para se concretizar, considerando-se eventual resistência da parte adversa.

A lei fixa um prazo específico para o exercício do direito subjetivo. Caso não ocorra essa observância, a prescrição é flagrante e, inclusive, é uma sanção para aquele indivíduo que foi negligente. Cabe ressaltar que os direitos extrapatrimoniais e indisponíveis são imprescritíveis (Gagliano; Pamplona Filho, 2018).

Logo, a prescrição atinge a pretensão, e não o direito de ação em si, até porque o direito de ação é garantido pela Constituição Federal em seu art. 5º, inciso XXXV (Brasil, 1988). Além disso, caso a prescrição seja reconhecida judicialmente, acarreta a extinção do feito sem resolução de mérito, nos termos do art. 487, inciso II, do Código de Processo Civil – Lei n. 13.105, de 16 de março de 2015 (Brasil, 2015a).

O Código Civil não faz distinção entre as espécies de prescrição, ofertando à prescrição extintiva o tratamento em sua parte geral e à prescrição, aquisitiva na parte especial:

- **Prescrição extintiva** – Extingue os direitos, aplicando-se a todas as esferas do direito, a fim de garantir a segurança jurídica, nos termos dos arts. 189 a 206 do Código Civil.
- **Prescrição aquisitiva** – Não se revela na perda, mas na aquisição de direitos. Relaciona-se à forma originária de aquisição de propriedade (usucapião) móvel ou imóvel. Está prevista na parte especial do Código Civil, bem como nos arts. 183 e 191 da Constituição Federal de 1988.
- **Prescrição intercorrente** – Ocorre no decurso processual. Nesse caso, já foi provocada a tutela jurisdicional por meio da ação, mas o processo ficou paralisado por desídia do autor, o qual permaneceu inerte durante o prazo definido em lei, o que acarretou a perda da pretensão.

Como podemos ver, o tempo é requisito presente nas espécies de prescrição: na extintiva, a sanção se dá pela inércia; na aquisitiva, pelo passar dos anos, o que garante ao possuidor a caracterização de usucapião; na intercorrente, a prescrição ocorre no meio do processo (Figueiredo; Figueiredo, 2020).

Ainda existe a possibilidade de renúncia, sem ofertar prejuízo a terceiro, nos termos do art. 191 do Código Civil. Sua alegação pode ser reconhecida em qualquer grau de jurisdição, nos termos do art. 193 do Código Civil.

A prescrição atinge todos os sujeitos do processo, pessoas físicas e jurídicas. É assegurado o direito de regresso a quem der causa à prescrição, em atenção ao contido no art. 195 do Código Civil.

O art. 196 do referido diploma dispõe que a prescrição iniciada com determinada pessoa continuará com seu sucessor. Pode ser decretada de ofício pelo magistrado, e a doutrina majoritária afirma que o juiz não pode se pronunciar acerca da prescrição sem a oitiva das partes.

Sobrevindo a prescrição do principal, esta se aplica ao acessório, nos termos do art. 192 do Código Civil. A prescrição em curso não gera direito adquirido. O prazo prescricional não pode ser alterado, ainda que seja do interesse das partes.

Na seara processual, as ações condenatórias podem sofrer os efeitos da prescrição, pois constituem o único mecanismo de proteção dos direitos subjetivos patrimoniais, como as ações de cobrança, de execução ou de reparação de danos.

Além disso, os direitos extrapatrimoniais são imprescritíveis, inexistindo prazo para que sejam exigidos. Isso quer dizer que não há prazo para se exigir a cessação de uma violação à privacidade, mas há prazo para que se pretenda uma reparação pelo dano sofrido (Farias; Rosenvald, 2011).

Sobre o tema, as normas gerais demonstram sua complexidade, com atenção ao fato de que a prescrição é matéria de defesa nos autos, cabendo sua arguição para requerer a extinção do feito com resolução de mérito (Tartuce, 2021).

De modo mais simples e eficaz que seu antecessor, o Código Civil de 2002 estabelece prazo geral para a prescrição, caso a lei não fixe prazo menor, como demonstra o art. 205 do referido diploma.

Tais questionamentos nos remetem à leitura do art. 189 do Código Civil, que afirma que a pretensão nasce quando são violados os direitos. A pretensão é extinta pela prescrição, nos prazos determinados nos arts. 205 e 206 do mesmo diploma legal. De outro lado, a Súmula n. 278, de 14 de maio de 2003 (Brasil, 2003), do Superior Tribunal de Justiça (STJ), acolhe a tese de que o termo inicial do prazo prescricional se dá no conhecimento da violação ao direito subjetivo pelo respectivo titular.

Na seara consumerista, o prazo prescricional se inicia com o conhecimento do dano e de sua autoria, nos termos do art. 27 do Código de Defesa do Consumidor (CDC) – Lei n. 8.078, de 11 de setembro de 1990 (Brasil, 1990). Cabe o prazo de cinco anos para a reparação de dano decorrente de acidente de consumo.

O art. 206, parágrafo 1º, do Código Civil revela que o prazo prescricional pode ser anual, bienal, trienal, quatrienal e quinquenal, e cada parágrafo segue a numeração equivalente ao número de anos em que se configura a prescrição. Além disso, destacamos que o prazo prescricional dos credores de alimentos é de dois anos após atingir a maioridade, para cobrar seus créditos, e o início da contagem do prazo de prescrição é a data das parcelas alimentares (Figueiredo; Figueiredo, 2020).

Portanto, podemos concluir que a prescrição não se confunde com a perda do direito de ação, mas uma figura atrelada ao direito processual. A prescrição é a neutralização da pretensão, do exercício do direito material, confirmando a natureza autônoma e do direito de ação, tido como garantia fundamental, nos termos do art. 5º, inciso XXXV, da Constituição Federal.

— 7.2.1 —
Causas impeditivas, suspensivas e interruptivas de prescrição

Por vezes, a prescrição pode não se consumar ou o início da contagem do prazo prescricional pode não acontecer por causas impeditivas, suspensivas e interruptivas, como disposto em lei. Ou seja, o prazo prescricional, por força da lei, sujeita-se a causas impeditivas, suspensivas ou interruptivas.

As **causas impeditivas** são as circunstâncias que obstam a contagem do prazo prescricional, nos termos dos arts. 197 a 199 do Código Civil (Figueiredo; Figueiredo, 2020).

As **causas suspensivas** estão atreladas à pessoa, na esfera individual ou familiar, por motivos de confiança, amizade e de ordem moral:

- Não corre prazo de prescrição entre os cônjuges na vigência da união, bem como entre ascendentes e descendentes: evidencia-se, nesse caso, a intenção do legislador em proteger as relações familiares, nos termos da Constituição Federal de 1988.
- Não há prescrição entre tutelados e curatelados e seus tutores e curadores no exercício da curatela e da tutela; novamente, podemos identificar a preocupação do legislador com as pessoas em situação de vulnerabilidade.
- Não corre prazo de prescrição se o indivíduo estiver ausente de seu país, em serviço público pela União, pelos estados, pelos municípios e pelas Forças Armadas. Nesse caso,

buscou-se garantir o interesse daqueles que tiveram de se ausentar a serviço dos entes mencionados.

Sobre as causas suspensivas, destacamos o entendimento da Súmula n. 229, de 8 de setembro de 1999 (Brasil, 1999b), do STJ, sobre contratos de seguro, a qual dispõe que o pedido de pagamento à seguradora suspende o prazo de prescrição até que o segurado tenha conhecimento da decisão administrativa.

No mais, o prazo prescricional não corre nas situações previstas no art. 199 do Código Civil, posto que o direito em comento não foi violado e, assim, inexiste pretensão (Tartuce, 2021).

As cláusulas interruptivas têm o condão de zerar o prazo prescricional. Desse modo, inicia-se nova contagem a partir da data do ato que o interrompeu, nos termos do art. 202 do Código Civil:

- Por despacho do juiz, que, mesmo tendo-se proferido incompetente, ordenar a citação, pois se identifica a formação da relação jurídica processual.
- Por protesto, identificado, *a priori*, em ações cautelares, com o escopo de formar a relação processual.
- Por protesto cambial, se realizado na via extrajudicial, que serve para demonstrar a impontualidade do devedor.
- Pela apresentação do título de crédito em juízo de inventário ou em concurso de credores, ou seja, é a simples habilitação de interessado no processo de inventário ou de falência.
- Por qualquer ato judicial que constitua em mora o devedor, já que se revela incidente nas obrigações empresariais.

- Por qualquer ato inequívoco, ainda que extrajudicial, que importe reconhecimento do direito pelo devedor, como a confissão de dívida assinada por este em documento público ou privado.

Por oportuno, é importante distinguir da prescrição os institutos da preclusão e da perempção. Conceitua-se **preclusão** como a perda de uma faculdade processual não exercida pelo titular em seu tempo devido. Já **perempção** é a perda do direito de ação, imposto a quem motivar o arquivamento do feito por três vezes. Nesse caso, os direitos são oponíveis em defesa (Schreiber, 2018).

— 7.3 —
Decadência: conceito e requisitos

A decadência está disciplinada nos arts. 178 e 179 e 207 a 211 do Código Civil de 2002, que, diferentemente de seu antecessor, não menciona de modo expresso o referido instituto. A decadência também é chamada de *caducidade*, pois faz perecer o próprio direito, atingindo-o na essência (Farias; Rosenvald, 2011).

Compreende-se **decadência** como a perda de um direito potestativo, não observado o tempo estabelecido em lei, destinado a uma ação constitutiva ou desconstitutiva. Ou seja, em se tratando de um direito potestativo, nos quais os efeitos são obtidos diretamente pela manifestação da vontade do titular, não há de se falar em prescrição.

A decadência se apresenta em duas modalidades, a saber:

1. **Decadência legal** – Advém de expressa previsão de lei e é de ordem pública e irrenunciável. Por esse motivo, os prazos decadenciais não comportam renúncia e, via de regra, não são suspensos ou interrompidos, com as exceções previstas no art. 208 do Código Civil e no art. 26 do CDC.
2. **Decadência convencional** – Tem caráter de ordem privada e é originada da previsão das partes em negócios jurídicos. Nessa modalidade, admite-se renúncia, suspensão ou interrupção e ela não pode ser conhecida de ofício pelo magistrado.

Os prazos decadenciais, diferentemente do previsto na prescrição, estão espalhados no diploma civil em várias oportunidades, como nos arts. 445 e 505 do Código Civil, que versam sobre os negócios jurídicos. Nas legislações esparsas, a decadência também se faz presente, por exemplo, no CDC, que dispõe o prazo de 30 a 90 dias para reclamações advindas de relação de consumo.

Os prazos decadenciais não se suspendem ou se interrompem e, se iniciados, não há primordialmente como obstar seu prosseguimento, conforme o art. 207 do Código Civil. Esses prazos são fatais, não se aplicando os dispositivos legais que tratam da suspensão, do impedimento e da interrupção da prescrição. Todavia, há uma exceção à regra, a qual estabelece que o prazo decadencial não corre contra os absolutamente incapazes.

Nos termos do art. 209 do Código Civil, é nula a renúncia à decadência determinada em lei, bem como a possibilidade de reduzir ou ampliar seu prazo legal. Tais medidas são necessárias para a manutenção da ordem pública e, consequentemente, da segurança jurídica.

Por fim, vejamos no quadro a seguir um comparativo entre prescrição e decadência.

Quadro 7.1 – Diferenças entre prescrição e decadência

Prescrição	Decadência
Extingue a pretensão.	Extingue o direito.
Prazos estabelecidos pela lei.	Prazos estabelecidos pela lei e por convenção entre as partes.
Deve ser conhecida pelo juiz de ofício.	A decadência legal deve ser reconhecida pelo juiz, o que não ocorre com a decadência convencional.
Não corre contra certas pessoas.	Corre contra todos, exceto incapazes.
Relacionada ao direito subjetivo.	Relacionada ao direito potestativo.

— 7.4 —

Direito intertemporal

A lei tem força no meio social por um determinado tempo. Nos termos da Lei de Introdução às Normas do Direito Brasileiro (LINDB) – Decreto-Lei n. 4.657, de 4 de setembro de 1942 (Brasil, 1942) – norma tem vigência até que outra a revogue. O direito intertemporal, portanto, estuda a sucessão de leis no tempo e as diversas consequências que ela acarreta em suas aplicações.

Entre as unidades de tempo, entram em conflito dois pontos nevrálgicos do direito: de um lado, as necessidades sociais de uma legislação mais atualizada e aplicável aos interesses dos cidadãos e, do outro, a segurança das relações já constituídas na vigência da lei anterior (Figueiredo; Figueiredo, 2020).

Pois bem, se uma lei "morre" e outra passa assumir o seu lugar no ordenamento pátrio, os atos praticados sob a égide da lei anterior são resguardados. A Constituição Federal prima pela observância do ato jurídico perfeito, pelo direito adquirido e pela coisa julgada (Didier Júnior, 2016). No mesmo sentido, a LINDB impõe a observância do ato jurídico perfeito, do direito adquirido e da coisa julgada, indicando ser o primeiro aquele ato já consumado de acordo com a lei vigente na época em que se efetuou (Schreiber, 2018).

É inegável a importância do direito intertemporal como regulador dos conflitos que possam existir entre as relações jurídicas regidas pela lei anterior e pelos novos comandos normativos. O Código Civil de 2002 diminuiu o prazo prescricional e, assim, se na data de início da vigência do diploma civilista já houvesse transcorrido mais da metade do prazo previsto na lei anterior, esta deve continuar seu fluxo normal. Porém, se na data de vigência do Código Civil de 2002 não houvesse escoado mais da metade do prazo da lei anterior, passa a valer o novo prazo, diminuído, fluindo desde a data em que a lei teve vigência (Farias; Rosenvald, 2011).

O direito intertemporal é investido com especial atenção aos prazos que já estavam em curso e foram reduzidos pelo novo diploma processual. Em tais situações, aplica-se a regra de transição, prevista no art. 2.028 do referido diploma, o qual admite a aplicação dos prazos da lei anterior, se forem reduzidos pelo código na data de sua entrada em vigor e se já tiver se passado mais da metade do tempo estabelecido na lei revogada (Figueiredo; Figueiredo, 2020).

Para reflexão ───────────────────────────────

A prescrição e a decadência influenciam o exercício dos direitos em razão do tempo, e a lei confere prazos diferenciados de prescrição conforme a situação jurídica em que ela se encaixa. São várias as situações jurídicas em que se aplicam os prazos diferenciados de prescrição.

Um exemplo é a fixação de alimentos judicialmente aos filhos, aos ascendentes e aos ex-cônjuges ou ex-companheiros. Em caso de inadimplemento, é garantida a possibilidade de exigir de alguém o cumprimento da obrigação.

Na prática, vemos uma maior dificuldade dos operadores do direito em precisar as datas de vencimento das parcelas alimentícias, quando já atingida a maioridade, para assim não ser reconhecida a dívida como prescrita. Nesse sentido, temos a seguinte ementa do julgado:

AGRAVO DE INSTRUMENTO. Execução de alimentos. Inexistindo menção expressa no acordo da ação de divórcio da fixação *intuitu familiae* dos alimentos de 33% do salário do genitor, prevalece o caráter personalíssimo dos alimentos, com a destinação do percentual individual de metade para cada filho. **Ante a maioridade da filha mais velha e o reconhecimento da prescrição das prestações alimentícias vencidas dois anos antes da distribuição da ação, correta a determinação de desconto do saldo devedor os valores devidos à filha mais velha anteriores.** Rendimentos recebidos a título de distribuição de lucros ou pro labore da pessoa jurídica da qual o alimentante é sócio não poderiam ser incluídos no saldo devedor, eis que no título judicial as partes avençaram a incidência de 33% sobre o "salário". RECURSO IMPROVIDO. (São Paulo, 2020, grifo nosso)

Quanto à responsabilidade civil, desde o advento do Código Civil de 2002, o prazo prescricional aplicável às pretensões fundadas em responsabilidade civil contratual é de dez anos, disposto no art. 205, para as hipóteses em que a lei não tenha fixado prazo prescricional menor.

Fato é que a discussão sobre o tema é importante para evitar a insegurança jurídica, a qual se reflete em decisões antagônicas nos tribunais pátrios, como podemos ver no exemplo a seguir:

PRESCRIÇÃO – O prazo prescricional para ajuizar ação em face de comprador inadimplente é de dez anos, pois se trata de descumprimento contratual, o que garante a aplicação do artigo 205 do Código Civil e não do prazo quinquenal previsto no artigo 206, §5º do Código Civil – Prazo que se inicia a partir do inadimplemento – Inadimplência dos compradores que ocorreu em junho de 2013, de modo que a demanda ajuizada em julho de 2019 não se encontra prescrita – PRESCRIÇÃO AFASTADA.

COMPROMISSO DE COMPRA E VENDA – RESOLUÇÃO DE CONTRATO C.C. REINTEGRAÇÃO DE POSSE E INDENIZAÇÃO – Procedência, para condenar os réus ao pagamento da cláusula penal, indenização pela ocupação do imóvel no período da inadimplência e ao pagamento de todas as taxas, impostos e encargos do imóvel no período da ocupação indevida – Apelo dos requeridos postulando o afastamento da cláusula penal e do aluguel pelo uso do bem, ou, ao menos buscando uma compensação de valores com o montante gasto em benfeitorias no imóvel – Inadmissibilidade – Cláusula penal de 10% do valor do compromisso, estabelecida na cláusula 7ª do contrato a título de perdas e danos, a ser paga pela parte que ensejasse a rescisão do contrato – Da mesma forma, são devidos pelos réus os aluguéis pelo tempo de uso indevido do bem, pois privaram a vendedora de dispor, usufruir e obter rendimentos sobre o imóvel no período da inadimplência, ao permanecerem na posse do mesmo – Contrato, ainda, que estabeleceu para a hipótese de rescisão contratual por culpa dos compradores, a perda do direito à retenção ou indenização pelas benfeitorias executadas no imóvel, as quais se incorporariam a ele – Sentença mantida – RECURSO DESPROVIDO. (São Paulo, 2021d)

Como podemos verificar, a decisão garantiu a segurança jurídica, pois a prescrição se revela uma regra restritiva de direitos, não devendo ser ampliada pelo legislador. Dessa forma, a decisão do STJ pacificou o tema debatido.

Considerações finais

As reflexões sobre o direito promovidas ao longo desta obra trazem exemplos da constante mutação da sociedade, já que o direito, como conjunto de normas, é produto da vida em sociedade e destinado à manutenção da ordem.

Nesse sentido, importa dizer que a relação jurídica é base do regramento civilista, responsável por instrumentalizar disposições de interesses dos particulares, com a identificação dos sujeitos, das pessoas naturais e das pessoas jurídicas.

Torna-se evidente a complexidade das relações entre particulares, as quais podem promover um choque de valores na busca de soluções para controvérsias. Essa tarefa é vista como um desafio para os operadores do direito na busca pela diminuição dos conflitos, bem como pela efetividade da justiça.

Sem dúvida, o direito civil contemporâneo assumiu uma nova linha de pensar, a qual caminha em direção ao desenvolvimento e à promoção da pessoa humana. Prova disso é que institutos foram revistos, como a capacidade, com o advento do Estatuto da Pessoa com Deficiência – Lei n. 13.146, de 6 de julho de 2015 (Brasil, 2015b) –, e a propriedade limitada pelo tempo, com a inclusão da multipropriedade imobiliária (*time sharing*).

Em que pese a evolução da sociedade, o direito, por vezes, apresenta-se insuficiente se levarmos em conta as diversas situações fáticas que não encontram amparo na lei, o que demonstra o descompasso existente entre os anseios sociais e a prática legislativa.

A compreensão do direito da vida, classificado doutrinariamente como *direito civil*, é muito mais do que a apresentação de conceitos rígidos e únicos sobre os institutos que permeiam as relações jurídicas e o reconhecimento dos sujeitos que nela estão envolvidos, a fim de verificar suas ações e suas reações na celebração dos negócios jurídicos.

E, assim, no balanço entre as possibilidades jurídicas e as realidades sociais, é possível acreditar que o direito civil é objeto de construção constante, sempre amparado nos princípios da eticidade, da socialidade e da operabilidade que norteiam a Lei n. 10.406, de 10 de janeiro de 2002 (Brasil, 2002), o Código Civil de 2002.

Referências

AZEVEDO, F. de O. **Direito civil**: introdução e teoria geral. 2. ed. Rio de Janeiro: Lumen Juris, 2009.

BIONI, B. R. **Proteção dos dados pessoais**: a função e os limites do consentimento. Rio de Janeiro: Forense, 2019.

BRASIL. Constituição (1988). **Diário Oficial da União**, Brasília, DF, 5 out. 1988. Disponível em: <http://www.planalto.gov.br/ccivil_03/constituicao/constituicao.htm>. Acesso em: 21 out. 2021.

BRASIL. Constituição (1988). Emenda Constitucional n. 25, de 14 de fevereiro de 2000. **Diário Oficial da União**, Poder Legislativo, Brasília, DF, 15 fev. 2000. Disponível em: <http://www.planalto.gov.br/ccivil_03/constituicao/emendas/emc/emc25.htm>. Acesso em: 20 out. 2021.

BRASIL. Constituição (1988). Emenda Constitucional n. 45, de 30 de dezembro de 2004. **Diário Oficial da União**, Poder Legislativo, Brasília, DF, 31 dez. 2004. Disponível em: <http://www.planalto.gov.br/ccivil_03/constituicao/emendas/emc/emc45.htm>. Acesso em: 21 out. 2021.

BRASIL. Decreto-Lei n. 2.848, de 7 de dezembro de 1940. **Diário Oficial da União**, Poder Executivo, Rio de Janeiro, DF, 31 dez. 1940. Disponível em: <http://www.planalto.gov.br/ccivil_03/decreto-lei/del2848compilado.htm>. Acesso em: 28 out. 2021.

BRASIL. Decreto-Lei n. 4.657, de 4 de setembro de 1942. **Diário Oficial da União**, Poder Executivo, Rio de Janeiro, DF, 9 set. 1942. Disponível em: <http://www.planalto.gov.br/ccivil_03/decreto-lei/del4657compilado.htm>. Acesso em: 20 out. 2021.

BRASIL. Decreto-Lei n. 5.452, de 1º de maio de 1943. **Diário Oficial da União**, Poder Executivo, Rio de Janeiro, DF, 5 jan. 1916. Disponível em: <http://www.planalto.gov.br/ccivil_03/decreto-lei/del5452compilado.htm>. Acesso em: 21 out. 2021.

BRASIL. Lei n. 3.071, de 1º de janeiro de 1916. **Diário Oficial da União**, Poder Legislativo, Rio de Janeiro, DF, 9 ago. 1943. Disponível em: <http://www.planalto.gov.br/ccivil_03/leis/l3071.htm>. Acesso em: 21 out. 2021.

BRASIL. Lei n. 5.371, de 5 de dezembro de 1967. **Diário Oficial da União**, Poder Legislativo, Brasília, DF, 6 dez. 1967. Disponível em: <http://www.planalto.gov.br/ccivil_03/leis/1950-1969/l5371.htm>. Acesso em: 22 out. 2021.

BRASIL. Lei n. 6.001, de 19 de dezembro de 1973. **Diário Oficial da União**, Poder Legislativo, Brasília, DF, 21 dez. 1973a. Disponível em: <http://www.planalto.gov.br/ccivil_03/leis/l6001.htm>. Acesso em: 22 out. 2021.

BRASIL. Lei n. 6.015, de 31 de dezembro de 1973. **Diário Oficial da União**, Poder Legislativo, Brasília, DF, 31 dez. 1973b. Disponível em: <http://www.planalto.gov.br/ccivil_03/leis/l6015compilada.htm>. Acesso em: 21 out. 2021.

BRASIL. Lei n. 8.009, de 19 de março de 1990. **Diário Oficial da União**, Poder Legislativo, Brasília, DF, 30 mar. 1990a. Disponível em: <http://www.planalto.gov.br/ccivil_03/leis/l8009.htm>. Acesso em: 17 ago. 2021.

BRASIL. Lei n. 8.078, de 11 de setembro de 1990. **Diário Oficial da União**, Poder Legislativo, Brasília, DF, 12 set. 1990b. Disponível em: <http://www.planalto.gov.br/ccivil_03/leis/l8078compilado.htm>. Acesso em: 20 out. 2021.

BRASIL. Lei n. 8.245, de 18 de outubro de 1991. **Diário Oficial da União**, Poder Legislativo, Brasília, DF, 21 out. 1991. Disponível em: <http://www.planalto.gov.br/ccivil_03/leis/l8245.htm>. Acesso em: 27 out. 2021.

BRASIL. Lei n. 9.096, de 19 de setembro de 1995. **Diário Oficial da União**, Poder Legislativo, Brasília, DF, 20 set. 1995a. Disponível em: <http://www.planalto.gov.br/ccivil_03/leis/l9096.htm>. Acesso em: 25 out. 2021.

BRASIL. Lei n. 9.099, de 26 de setembro de 1995. **Diário Oficial da União**, Poder Legislativo, Brasília, DF, 27 set. 1995b. Disponível em: <http://www.planalto.gov.br/ccivil_03/leis/l9099.htm>. Acesso em: 22 out. 2021.

BRASIL. Lei n. 9.259, de 9 de janeiro de 1996. **Diário Oficial da União**, Poder Legislativo, Brasília, DF, 10 jan. 1996. Disponível em: <http://www.planalto.gov.br/ccivil_03/leis/l9259.htm>. Acesso em: 22 out. 2021.

BRASIL. Lei n. 9.434, de 4 de fevereiro de 1997. **Diário Oficial da União**, Poder Legislativo, Brasília, DF, 5 fev. 1997. Disponível em: <http://www.planalto.gov.br/ccivil_03/leis/l9434.htm>. Acesso em: 25 out. 2021.

BRASIL. Lei n. 10.406, de 10 de janeiro de 2002. **Diário Oficial da União**, Brasília, DF, 11 jan. 2002. Disponível em: <http://www.planalto.gov.br/ccivil_03/leis/2002/l10406compilada.htm>. Acesso em: 20 out. 2021.

BRASIL. Lei n. 11.105, de 24 de março de 2005. **Diário Oficial da União**, Poder Legislativo, Brasília, DF, 28 mar. 2005. Disponível em: <http://www.planalto.gov.br/ccivil_03/_ato2004-2006/2005/lei/l11105.htm>. Acesso em: 22 out. 2021.

BRASIL. Lei n. 11.459, de 21 de março de 2007. **Diário Oficial da União**, Poder Legislativo, Brasília, DF, 22 mar. 2007a. Disponível em: http://www.planalto.gov.br/ccivil_03/_ato2007-2010/2007/lei/L11459.htm>. Acesso em: 22 out. 2021.

BRASIL. Lei n. 11.694, de 12 de junho de 2008. **Diário Oficial da União**, Poder Legislativo, Brasília, DF, 13 jun. 2008.Disponível em: <http://www.planalto.gov.br/ccivil_03/_ato2007-2010/2008/lei/L11694.htm>. Acesso em: 22 out. 2021.

BRASIL. Lei n. 12.376, de 30 de dezembro de 2010. **Diário Oficial da União**, Poder Legislativo, Brasília, DF, 31 dez. 2010. Disponível em: <http://www.planalto.gov.br/ccivil_03/_ato2007-2010/2010/lei/l12376.htm>. Acesso em: 20 out. 2021.

BRASIL. Lei n. 12.441, de 11 de julho de 2011. **Diário Oficial da União**, Poder Legislativo, Brasília, DF, 12 jul. 2011a. Disponível em: <http://www.planalto.gov.br/ccivil_03/_ato2011-2014/2011/lei/l12441.htm>. Acesso em: 28 out. 2021.

BRASIL. Lei n. 13.105, de 16 de março de 2015. **Diário Oficial da União**, Poder Legislativo, Brasília, DF, 17 mar. 2015a. Disponível em: <http://www.planalto.gov.br/ccivil_03/_ato2015-2018/2015/lei/l13105.htm>. Acesso em: 22 out. 2021.

BRASIL. Lei n. 13.146, de 6 de julho de 2015. **Diário Oficial da União**, Poder Legislativo, Brasília, DF, 7 jul. 2015b. Disponível em: <http://www.planalto.gov.br/ccivil_03/_ato2015-2018/2015/lei/l13146.htm>. Acesso em: 28 out. 2021.

BRASIL. Lei n. 13.151, de 28 de julho de 2015. **Diário Oficial da União**, Poder Legislativo, Brasília, DF, 28 jul. 2015c. Disponível em: <http://www.planalto.gov.br/ccivil_03/_ato2015-2018/2015/lei/l13151.htm>. Acesso em: 17 ago. 2021.

BRASIL. Lei n. 13.655, de 25 de abril de 2018. **Diário Oficial da União**, Poder Legislativo, Brasília, DF, 26 abr. 2018. Disponível em: <http://www.planalto.gov.br/ccivil_03/_ato2015-2018/2018/lei/L13655.htm>. Acesso em: 21 out. 2021.

BRASIL. Lei n. 13.811, de 12 de março de 2019. **Diário Oficial da União**, Poder Legislativo, Brasília, DF, 13 mar. 2019a. Disponível em: <http://www.planalto.gov.br/ccivil_03/_ato2019-2022/2019/lei/L13811.htm>. Acesso em: 21 out. 2021.

BRASIL. Lei n. 13.853, de 8 de julho de 2019. **Diário Oficial da União**, Poder Legislativo, Brasília, DF, 20 dez. 2019b. Disponível em: <http://www.planalto.gov.br/ccivil_03/_ato2019-2022/2019/lei/l13853.htm>. Acesso em: 21 out. 2021.

BRASIL. Lei n. 13.874, de 20 de setembro de 2019. **Diário Oficial da União**, Poder Legislativo, Brasília, DF, 20 set. 2019c. Disponível em: <http://www.planalto.gov.br/ccivil_03/_ato2019-2022/2019/lei/L13874.htm>. Acesso em: 25 out. 2021.

BRASIL. Lei Complementar n. 95, de 26 de fevereiro de 1998. **Diário Oficial da União**, Poder Legislativo, Brasília, DF, 27 fev. 1998. Disponível em: <http://www.planalto.gov.br/ccivil_03/leis/lcp/lcp95.htm>. Acesso em: 21 out. 2021.

BRASIL. Congresso. Senado. Projeto de Lei n. 351, de 2015. **Senado Federal**, Brasília, DF, 18 nov. 2015d. Disponível em: <https://www25.senado.leg.br/web/atividade/materias/-/materia/121697>. Acesso em: 28 out. 2021.

BRASIL. Conselho Federal de Medicina. Resolução n. 1.995, de 9 de agosto de 2012. **Diário Oficial da União**, Poder Executivo, Brasília, DF, 31 ago. 2012. Disponível em: <https://sistemas.cfm.org.br/normas/visualizar/resolucoes/BR/2012/1995>. Acesso em: 28 out. 2021.

BRASIL. Conselho da Justiça Federal. **Enunciado n. 1**. Disponível em: <https://www.cjf.jus.br/enunciados/enunciado/647>. Acesso em: 28 out. 2021a.

BRASIL. Conselho da Justiça Federal. **Enunciado n. 4**. Disponível em: <https://www.cjf.jus.br/enunciados/enunciado/650>. Acesso em: 28 out. 2021b.

BRASIL. Conselho da Justiça Federal. **Enunciado n. 143**. Disponível em: <https://www.cjf.jus.br/enunciados/enunciado/233>. Acesso em: 25 out. 2021c.

BRASIL. Conselho da Justiça Federal. **Enunciado n. 144**. Disponível em: <https://www.cjf.jus.br/enunciados/enunciado/235>. Acesso em: 28 out. 2021d.

BRASIL. Conselho da Justiça Federal. **Enunciado n. 534**. Disponível em: <https://www.cjf.jus.br/enunciados/enunciado/145>. Acesso em: 28 out. 2021e.

BRASIL. Superior Tribunal de Justiça. Embargos de Divergência em Recurso Especial n. 1.281.594. **Diário da Justiça Eletrônico**, Brasília, DF, 23 maio 2019d. Disponível em: <https://stj.jusbrasil.com.br/jurisprudencia/712377144/embargos-de-divergencia-em-recurso-especial-eresp-1281594-sp-2011-0211890-7/inteiro-teor-712377180>. Acesso em: 28 out. 2021.

BRASIL. Superior Tribunal de Justiça. Implantação de embriões congelados em viúva exige autorização expressa do falecido, decide Quarta Turma. **Portal do STJ**, 15 jun. 2021f. Disponível em: <https://www.stj.jus.br/sites/portalp/Paginas/Comunicacao/Noticias/15062021-Implantacao-de-embrioes-congelados-em-viuva-exige-autorizacao-expressa-do-falecido--decide-Quarta-Turma.aspx>. Acesso em: 1º set. 2021.

BRASIL. Superior Tribunal de Justiça. Recurso Especial n. 1.693.718. **Diário da Justiça**, Brasília, DF, 4 nov. 2019e. Disponível em: <https://stj.jusbrasil.com.br/jurisprudencia/876011573/re-nos-edcl-no-recurso-especial-re-nos-edcl-no-resp-1693718-rj-2017-0209642-3?ref=serp>. Acesso em: 25 out. 2021.

BRASIL. Superior Tribunal de Justiça. Recurso Especial n. 1.787.274 - MS. **Diário de Justiça Eletrônico**, Brasília, DF, 26 abr. 2019f. Disponível em: <https://processo.stj.jus.br/processo/revista/documento/mediado/?componente=ITA&sequencial=1818003&num_registro=201601658694&data=20190426&formato=PDF>. Acesso em: 20 out. 2021.

BRASIL. Superior Tribunal de Justiça. Súmula n. 227, de 8 de setembro de 1999. **Diário de Justiça**, Brasília, DF, 20 out. 1999a. Disponível em: <https://www.stj.jus.br/docs_internet/revista/eletronica/stj-revista-sumulas-2011_17_capSumula227.pdf>. Acesso em: 25 out. 2021.

BRASIL. Superior Tribunal de Justiça. Súmula n. 229, de 8 de setembro de 1999. **Diário de Justiça**, 20 out. 1999b. Disponível em: <https://www.stj.jus.br/publicacaoinstitucional/index.php/sumstj/article/download/5699/5819>. Acesso em: 25 out. 2021.

BRASIL. Superior Tribunal de Justiça. Súmula n. 278, de 14 de maio de 2003. **Diário de Justiça**, Brasília, DF, 16 jun. 2003. Disponível em: <https://www.stj.jus.br/docs_internet/revista/eletronica/stj-revista-sumulas-2011_21_capSumula278.pdf>. Acesso em: 25 out. 2021.

BRASIL. Superior Tribunal de Justiça. Súmula n. 335, de 25 de abril de 2007. **Diário de Justiça**, Brasília, DF, 7 maio 2007b. Disponível em: <https://www.stj.jus.br/docs_internet/revista/eletronica/stj-revista-sumulas-2012_28_capSumula335.pdf>. Acesso em: 25 out. 2021.

BRASIL. Superior Tribunal de Justiça. Súmula n. 370, de 16 de fevereiro de 2009. **Diário de Justiça Eletrônico**, Brasília, DF, 25 fev. 2009. Disponível em: <https://www.stj.jus.br/docs_internet/revista/eletronica/stj-revista-sumulas-2013_33_capSumula370.pdf>. Acesso em: 20 out. 2021.

BRASIL. Superior Tribunal de Justiça. Súmula n. 642, de 2 de dezembro de 2020. **Diário de Justiça Eletrônico**, Brasília, DF, 9 dez. 2020. Disponível em: <https://www.stj.jus.br/publicacaoinstitucional/index.php/sumstj/author/proofGalleyFile/11573/11697>. Acesso em: 28 out. 2021.

BRASIL. Supremo Tribunal Federal. Ação Direta de Inconstitucionalidade n. 4.277, de 5 de maio de 2011. **Diário de Justiça Eletrônico**, Brasília, DF, 14 out. 2011b. Disponível em: <https://redir.stf.jus.br/paginadorpub/paginador.jsp?docTP=AC&docID=628635>. Acesso em: 20 out. 2021.

BRASIL. Supremo Tribunal Federal. Arguição de Descumprimento de Preceito Fundamental n. 132, de 5 de maio de 2011. **Diário de Justiça Eletrônico**, Brasília, DF, 14 out. 2011c. Disponível em: <https://redir.stf.jus.br/paginadorpub/paginador.jsp?docTP=AC&docID=628633>. Acesso em: 20 out. 2021.

BÜRGER, M. L. F. de M. As várias faces da justiça: notas sobre os múltiplos papéis assumidos pela magistratura e o que dela se espera no porvir. In: SOUZA, A. P. de; ALBERTO, T. G. P. (Org.). **Questões contemporâneas do direito**. Curitiba: Instituto Latino-Americano de Argumentação Jurídica, 2015. p. 61-79.

CALDERÓN, R. **Princípio da afetividade no direito de família**. 2. ed. Rio de Janeiro: Forense, 2017.

COELHO, F. U. **Curso de direito comercial**: direito da empresa. 23. ed. São Paulo: Saraiva, 2019. v. 1.

COHEN, F.; MULTEDO, R. V. Medidas efetivas e apropriadas: uma proposta de interpretação sistemática do Estatuto da Pessoa com Deficiência. In: BARBOZA, H. H.; MENDONÇA, B. L. de; ALMEIDA JÚNIOR, V. de A. (Coords.). **O Código Civil e o Estatuto da Pessoa com Deficiência**. Rio de Janeiro: Processo, 2017. p. 217-242.

DADALTO, L. A judicialização do testamento vital: uma análise dos autos n. 1084405-21.2015.8.26.0110/TJSP. **Civilistica.com**, v. 7, n. 2, p. 1-16, 28 out. 2018. Disponível em: <https://civilistica.emnuvens.com.br/redc/article/view/363>. Acesso em: 28 out. 2021.

DADALTO, L. Distorções acerca do testamento vital no Brasil (ou o porquê é necessário falar sobre uma declaração prévia de vontade do paciente terminal). **Revista de Bioética y Derecho**, n. 28, p. 61-71, maio 2013. Disponível em: <https://scielo.isciii.es/pdf/bioetica/n28/articulo5.pdf>. Acesso em: 21 out. 2021.

DIDIER JÚNIOR, F. **Curso de direito processual civil**. 18. ed. Salvador: JusPodivm, 2016. v. 1.

DINIZ, M. H. Artigos 20 a 30 da LINDB como novos paradigmas hermenêuticos do direito público, voltados à segurança jurídica e à eficiência administrativa. **Revista Argumentum**, Marília, v. 19, n. 2, p. 305-318, mai./ago. 2018. Disponível em: <http://ojs.unimar.br/index.php/revistaargumentum/article/view/594/291>. Acesso em: 21 out. 2021.

DINIZ, M. H. **Curso de direito civil brasileiro**: teoria geral do direito civil. 31. ed. São Paulo: Saraiva, 2014.

FARIAS, C. C. de; ROSENVALD, N. **Direito civil**: teoria geral. 9. ed. Rio de Janeiro: Lumen Juris, 2011.

FERRAZ JÚNIOR, T. S. **Introdução ao estudo do direito**: técnica, decisão, dominação. 8. ed. São Paulo: Atlas, 2015.

FIGUEIREDO, L. FIGUEIREDO, R. **Direito civil**: parte geral. 7. ed. Salvador: JusPodivm, 2018. (Coleção Sinopses para Concursos, v. 10).

FIGUEIREDO, L.; FIGUEIREDO, R. **Manual de direito civil**. Salvador: Juspodivm, 2020.

FIUZA, C. **Direito civil**: curso completo. 23. ed. São Paulo: Revista dos Tribunais, 2015.

FOUCAULT, M. **Microfísica do poder**. 8. ed. São Paulo: Paz e Terra, 2018.

GAGLIANO, P. S.; PAMPLONA FILHO, R. **Novo curso de direito civil** 20 ed. São Paulo: Saraiva, 2018. v. 1: Parte geral.

GAMA, G. C. N. da. **A nova filiação**: o biodireito e as relações parentais – o estabelecimento da parentalidade-filiação e os efeitos jurídicos da reprodução assistida heteróloga. Rio de Janeiro: Renovar, 2003.

GONÇALVES, C. R. **Direito civil brasileiro**. 16. ed. São Paulo: Saraiva, 2019. v. 1: Parte geral.

IHERING, R. von. **É o direito uma ciência?** Tradução de João Vasconcelos. São Paulo: Forense, 2006.

KELSEN, H. **Teoria pura do direito.** 8. ed. São Paulo: Martins Fontes, 2009.

LARA, M. F. **Herança digital.** Porto Alegre: Edição do autor, 2016.

LÔBO, P. L. N. Entidades familiares: para além dos numerus clausus. **Instituto Brasileiro de Direito da Família**, 23 mar. 2004. Disponível em: <https://ibdfam.org.br/artigos/128/Entidades+familiares+constitucionalizadas:+para+al%C3%A9m+do+numerus+clausus>. Acesso em: 28 out. 2021.

MINAS GERAIS. Tribunal de Justiça do Estado de Minas Gerais. **Apelação Cível n. 1.0000.19.012823-1/002.** Julgado em 26 de novembro de 2020. Belo Horizonte: TJ-MG, 27 nov. 2020. Disponível em: <https://www5.tjmg.jus.br/jurisprudencia/pesquisaNumeroCNJEspelhoAcordao.do?numeroRegistro=1&totalLinhas=1&linhasPorPagina=10&numeroUnico=1.0000.19.012823-1%2F002&pesquisaNumeroCNJ=Pesquisar>. Acesso em: 28 out. 2021.

MINAS GERAIS. Tribunal de Justiça do Estado de Minas Gerais. **Apelação Cível n. 1.0000.21.060328-8/001 MG.** Julgado em 12 de agosto de 2021. Belo Horizonte: TJ-MG, 13 ago. 2021a. Disponível em: <https://tj-mg.jusbrasil.com.br/jurisprudencia/1263129447/apelacao-civel-ac-10000210603288001-mg/inteiro-teor-1263129516>. Acesso em: 28 out. 2021.

MINAS GERAIS. Tribunal de Justiça do Estado de Minas Gerais. **Apelação Cível n. 1.0000.21.117636-7/001.** Julgado em 18 de agosto de 2021b. Belo Horizonte: TJ-MG, 20 ago. 2021. Disponível em: <https://tj-mg.jusbrasil.com.br/jurisprudencia/1267153420/apelacao-civel-ac-10000211176367001-mg/inteiro-teor-1267153421>. Acesso em: 12 set. 2021.

PERLINGIERI, P. **Perfis do direito civil**: introdução ao direito civil constitucional. 2. ed. Rio de Janeiro: Renovar, 2002.

PINHO, R. C. R. **Da organização do Estado, dos poderes e histórico das constituições**. São Paulo: Saraiva, 2006.

REALE, M. **Lições preliminares de direito**. 27. ed. São Paulo: Saraiva, 2013.

SÃO PAULO (Estado). Tribunal de Justiça do Estado de São Paulo. **Agravo de Instrumento n. 2014503-94.2020.8.26.0000**. Julgado em 21 de julho de 2020. São Paulo: TJ-SP, 22 jul. 2020. Disponível em: <https://tj-sp.jusbrasil.com.br/jurisprudencia/896987557/agravo-de-instrumento-ai-20145039420208260000-sp-2014503-9420208260000>. Acesso em: 28 out. 2021.

SÃO PAULO (Estado). Tribunal de Justiça do Estado de São Paulo. **Agravo de Instrumento n. 2061152-83.2021.8.26.0000**. Julgado em 7 de agosto de 2021. São Paulo: TJ-SP, 7 ago. 2021a. Disponível em: <https://esaj.tjsp.jus.br/cjsg/getArquivo.do;jsessionid=369FFDDC263EB87BCCBE544BD453D8D0.cjsg2?conversationId=&cdAcordao=14896261&cdForo=0&uuidCaptcha=sajcaptcha_bc02ae74a8854cfba325102a7e2066a3&g-recaptcha-response=03AGdBq262J0kDJqzTWxSquPbm7Bl2hWjqBr7--drw6WusjJSpah9bmO6lYxCDJ3WHmUPbJdcwaUKE8LqvcaAfHsLHYsid2guPx7CuXSBdeRblDV2P1vOCu2EtYNZ1s-A0GDrf_M52I2nWb1qoTHuDkasQBPiarm7KViYt7a3IaWugs7ShCiaVYEUW-cvGLsTSuI5oenaMQOBtkFKwJXTWafjQEqhMSjqwAzzIaErWD3lnevItoMQmxeHExTOHopGPf5iS2y2DhiGJLvA_ex5CpJ7cKRbhV-sO7oQfO1xDMDRsDpWYuv4mFCQhkM3hhPCsTG8OA8P9_wpPnr0GesXES_sLnOi6VhJuaum2_jHZP3G5TRWW7aRxP0Bf8nwRHPi0-lkwkTs_uZpv9a8rdpUyRXY8ruR5DuzQ1qpkz9EwZcDQ1sQgjaf0pVwNaWFBiERoa9Oz4eueMTEJ>. Acesso em: 1º set. 2021g.

SÃO PAULO (Estado). Tribunal de Justiça do Estado de São Paulo. **Agravo de Instrumento n. 2094761-57.2021.8.26.0000**. Julgado em 4 de agosto de 2021. São Paulo: TJ-SP, 4 ago. 2021b. Disponível em: <https://tj-sp.jusbrasil.com.br/jurisprudencia/1259445515/agravo-de-instrumento-ai-20947615720218260000-sp-2094761-5720218260000>. Acesso em: 28 out. 2021.

SÃO PAULO (Estado). Tribunal de Justiça do Estado de São Paulo. **Agravo de Instrumento n. 2134468-32.2021.8.26.0000**. Julgado em 5 de agosto de 2021. São Paulo: TJ-SP, 5 ago. 2021c. Disponível em: <https://esaj.tjsp.jus.br/cjsg/getArquivo.do?conversationId=&cdAcordao=14892112&cdForo=0&uuidCaptcha=sajcaptcha_019f2a54f2a6402f94047ce9cf4c20de&g-recaptcha-response=03AGdBq24mo87EbDYQH4-V71ukwXosty1uLpNyhHmBccPme07SdGJtMr6Ue8wxTrwqx5MQNGnLZHw-LO4xVodIpr83Y8fv7_V4IrGJcDNGkVRY_4ikPOnXdWJPrf9fY9kd_XYrtPtknrJJ7oEZ9DMm6J-wnjZtBuKLlEsMb2E9loRXOorl3xkfOcxXdFScZqhmL8r0Cl-O1oy2d3Brdv-0KwMmBZFUF6_JD-zQjdL4AgFYudYn8JzevgEYvHOK06XNkrFa4E0reqf6j6d3q6aXLCpbh_ZuUTP-PRzkPHYXPSxZw6EaNznR10JPyI7vGnkD7nazZ8h1Q-Bu3Gl3PbfM2BnKxOGPl696SDnIJUW2X-lK_rmTCIZAviIOfPuHa11KdC5QSaZalgIlfTQA5jRpSprDMYSh0s_NDRqSZRUcfYs0ffzXUF-z0zBrXYeNsjslj9Yzqt_7nJ5wfRP2pJ2WTiXYc063opGhhQ>. Acesso em: 28 out. 2021f.

São Paulo. Tribunal de Justiça do Estado de São Paulo. **Apelação Cível n. 1010148-82.2019.8.26.0068**. Julgado em 24 de agosto de 2021. São Paulo: TJ-SP, 24 ago. 2021d. Disponível em: <https://esaj.tjsp.jus.br/cjsg/getArquivo.do?cdAcordao=14951391&cdForo=0>. Acesso em: 28 out. 2021.

SÃO PAULO (Estado). Tribunal de Justiça do Estado de São Paulo. **Apelação Cível n. 1002602-45.2020.8.26.0066**. Julgado em 31 de agosto de 2021. São Paulo: TJ-SP, 31 ago. 2021e. Disponível em: <https://esaj.tjsp.jus.br/cjsg/getArquivo.do?cdAcordao=14974315&cdForo=0>. Acesso em: 28 out. 2021.

SÃO PAULO (Estado). Tribunal de Justiça do Estado de São Paulo. **Voto n. 20.626**. São Paulo: TJ-SP. Disponível em: <https://api.tjsp.jus.br/Handlers/Handler/FileFetch.ashx?codigo=69099>. Acesso em: 10 set. 2021f.

SCHREIBER, A. **Manual de direito civil contemporâneo**. São Paulo: Saraiva Educação, 2018.

TARTUCE, F. **Manual de direito civil**. 5. edição. Rio de Janeiro: Forense; São Paulo: Método, 2015.

TARTUCE, F. **Manual de direito civil**. 11. edição. Rio de Janeiro: Forense; São Paulo: Método, 2021.

Sobre a autora

Elaine Beatriz Ferreira de Souza Oshima é advogada e psicóloga, com mestrado em Psicologia Forense pela Universidade Tuiuti do Paraná (UTP). É professora de Direito e Prática Civil na Fundação de Estudos Sociais do Paraná (Fesp) e no Centro Universitário Campos de Andrade (Uniandrade), além de atuar em cursos de pós-graduação em Direito Civil e Processo Civil e em preparatórios para o exame da Ordem dos Advogados do Brasil – Seção do Paraná (OAB-PR) e concursos públicos. É pesquisadora do

Grupo Interinstitucional de Estudo e Pesquisa do Direito Civil – Virada de Copérnico, do Programa de Pós-Graduação em Direito da Universidade Federal do Paraná (PPGD/UFPR) e membro da Comissão de Direito das Famílias da OAB-PR e do Instituto Brasileiro de Direito das Famílias (IBDFAM).

Os papéis utilizados neste livro, certificados por instituições ambientais competentes, são recicláveis, provenientes de fontes renováveis e, portanto, um meio responsável e natural de informação e conhecimento.

MISTO
Papel produzido a partir de fontes responsáveis
FSC® C103535

Impressão: Reproset
Fevereiro/2023